Vadim Tschenze

Das geheime Wissen

AF288273

VADIM TSCHENZE

DAS GEHEIME WISSEN
Einführung in die Welt der Esoterik

// SILBERSCHNUR VERLAG

Ich widme dieses Buch
allen meinen Fernsehzuschauern, Schülern und Anhängern,
die meine parapsychologische Forschung
und meine Arbeit interessiert.
Herzlichen Dank!

© Verlag "Die Silberschnur" GmbH

ISBN: 978-3-89845-151-2

1. Auflage 2006	3. Auflage 2007	5. Auflage 2014
2. Auflage 2006	4. Auflage 2007	6. Auflage 2024

Gestaltung & Satz: XPresentation, Boppard
Bildernachweis: Vadim Tschenze
Druck: Grafoprint, Gornji Milanovac
Papier: FSC zertifiziert, MIX-Papier aus verantwortungsvollen Quellen

Verlag "Die Silberschnur" GmbH · Steinstraße 1 · D-56593 Güllesheim
www.silberschnur.de · E-Mail: info@silberschnur.de

Danksagung

Ich bedanke mich bei jedem, der mich bei meiner Arbeit unterstützt hat.

◇

Ein herzliches Dankeschön geht an alle, die mich bei der Arbeit
motiviert haben.

◇

Mein besonderes Dankeschön geht an meine Familie und Freunde,
die die Veröffentlichung von diesem Buch möglich gemacht haben.

◇

Ein ganz besonderer Dank geht an Tomas Matazinskas, der mich mit
seiner kreativen Gabe und seinen Ideen inspirierte.

◇

Ein herzlicher Dank geht an Barbara Werner für die Zusammenarbeit
und dafür, dass sie Struktur in meine Arbeit gebracht hat.

◇

Ein großes Dankeschön an meinen Verleger, den Verlag Silberschnur,
der mir die Veröffentlichung dieses Buches ermöglicht hat.
Ein Danke für die gute, unterstützende Mitarbeit.

Herzlichst Ihr Vadim Tschenze

Inhaltsverzeichnis

Widmung   4

Vorwort   11

Kapitel 1: Der Mensch – ein spirituelles Wesen   13

Die spirituelle Entwicklung des Menschen   15

Energiearbeit   22

Kapitel 2: Besprechen und Gebete   27

Die wichtigsten Grundsätze des Besprechens   29

Bei welchen Leiden und gegen was können Gebete helfen?   31

Amulette und Talismane   35

Die richtige Auswahl von Kerzen und Farben   40

Exkurs: Die magische Atmosphäre – Räuchern   46

Die Zusammenstellung eines Gebetes   48

Gebetsbeispiele   50

Die wichtigsten Gebete für jeden Tag   61

Kapitel 3: Geistheilung   67

Eine Einführung in die Geistheilung   69

Heilung ist möglich   72

Körbler'sche Heilzeichen   77

Kapitel 4: Zukunfts- und Persönlichkeitsdeutung 81

Alte Methoden 83

- Kartenlegen 83
- Daktilomantie und Pendel 105
- Rauchlesen 109
- Wasserlesen 109
- Kerzenschatten lesen 113
- Salz und Zucker lesen 113
- Blei oder Wachs gießen 114
- Myomantie 114
- Teframantie 114
- Enontromantie 115
- Murmelorakel für die Liebe 115
- I Ging 117
- Runen deuten 125
- Kabbala 129

Handlesen 131

- Handformen 133
- Handlinien 137
- Die Finger

Gesichtslesen 138

- Der Schädel 139
- Gesichtsformen 142
- Die Stirn 143
- Das Ohr 143
- Die Augen 145
- Die Nase 149

- *Der Mund*   150

- *Muttermale & Co*   151

Die Deutung der inneren Welten   152

- *Traumdeutung*   152

- *Energiebilder*   154

Kapitel 5: Engelwelten   157

Kontakt zu Ihrem Engel   159

Engelmeditation   160

Die wichtigsten Engelnamen   162

Kapitel 6: Mondkalender   167

Allgemeines   169

Der Mond in den Sternzeichen   171

Nach dem Mond leben – natürliche Rhythmen befolgen   173

Kapitel 7: Magie   175

Was ist Voodoo?   177

Voodoo-Magie   187

Kleines Voodoo-Lexikon   189

Exkurs: Magische Angriffe, und wie man sich dagegen wehrt   190

Nachwort   192

Kunden berichten   193

Literaturverzeichnis   197

Schlagwortverzeichnis   199

Vorwort

*"Der Mensch lebt aus dem Geist und nicht aus dem
Körper. Wenn er das weiß und sein Leben nicht in
den Körper, sondern in den Geist verlegt, dann
könnt ihr ihn in Ketten legen hinter Eisengittern –
er wird immer frei sein."*

Leo Tolstoi

Liebe Leserin, lieber Leser.

Es freut mich riesig, Ihnen heute dieses Buch präsentieren zu dürfen.
Allein der Umstand, dass Sie dieses Buch in die Hände genommen haben,
deutet auf Ihr Interesse für Spiritualität hin. In diesem Handbuch erfahren
Sie, was Spiritualität ist und was dieser Ausdruck bedeutet. Sie erkennen,
wie spirituell Sie selbst sind und lernen interessante Methoden der Heiler,
Schamanen und Hellseher kennen.

Das vorliegende Buch eröffnet Ihnen die Möglichkeit, Gebete, Heilung
und Handauflegen etwas näher kennen zu lernen und zu erproben, um
sie später im Alltag einzusetzen. Gebete sind seit tausenden von Jahren
bekannt und wurden schon von unseren Urgroßeltern zur Heilung und
für andere Zwecke eingesetzt. Es ist nicht nur ein vager Glaube, dass
Gebete und Worte heilen können und uns Glück bringen - es ist vielmehr
eine Tatsache. Warum sonst hätten Gebete über so lange Zeit hinweg
überliefert werden sollen, warum sonst sollten diese Gebete überhaupt
bis heute existieren und nicht vergessen werden? Ein Wort kann viel
verändern, denn ein Wort ist eine Schwingung - und, wie Sie wissen, eine
Schwingung kann man auch als Energie betrachten. Eine Energie wiederum
kann Berge versetzen.

Weiterhin finden Sie in dem Buch Abhandlungen zu den Themen
Wasserlesen, Gesichtslesen, Kerzenschattenlesen und vieles andere mehr.

Es ist ein Lehrbuch für jeden, der sich mit dem Heilen, Hellsehen und der Spiritualität auseinander setzen will – eben ein Buch der Antworten.

Natürlich erhebt mein Buch keinen Anspruch auf Vollständigkeit. Es wäre auch unmöglich, sämtliche Erkenntnisse aus mehreren tausenden von Jahren in einem einzigen Buch bis ins Detail zu beschreiben.

Doch falls Sie, meine lieben Leser, noch mehr wissen und lernen möchten, dann schreiben Sie eine Email an

Vadim@VadimTschenze.ch

oder besuchen Sie meine Homepage

www.VadimTschenze.de

Dieses Buch ist mein ernsthafter Versuch, Menschen zu inspirieren, Ihr Leben zu dem zu machen, von dem Sie träumen. Glauben Sie daran, dass es möglich ist, das Leben so zu leben, wie man es sich wünscht. Warten Sie nicht auf morgen, sondern versuchen Sie es jetzt!

Ich wünsche Ihnen von ganzem Herzen viel Freude und Erfolg beim Lesen des Buches und/oder beim Umsetzen Ihrer Erkenntnisse.

Ihr Vadim Tschenze

Kapitel 1

Der Mensch –
ein spirituelles Wesen

$* * * \text{❋} * * *$

Die spirituelle Entwicklung des Menschen

$*$

Was ist Spiritualität?

Spiritualität ist nicht nur das, was man mit Kartenlegen oder Hellsehen verbindet. Vielmehr hat jeder Mensch die Möglichkeit, sich seelisch zu entwickeln - und genau diese Entwicklung der Seele bezeichnet man als Spiritualität. Hilfestellungen oder einen guten Rat geben, nach den karmischen Gesetzen leben - all das ist Spiritualität. Viele Menschen leben daher unbewusst bereits spirituell: Sie gehen mit einer bestimmten Einstellung zur Arbeit und kaufen genauso verschiedene Sachen ein, sie unterhalten sich über verschiedene Themen und lieben ihr Gegenüber - ohne zu wissen, dass all dies bereits ein spirituelles Leben ist. Denn Spiritualität zeichnet sich allein durch die Bereitschaft aus, anderen Menschen etwas Gutes tun zu wollen, Menschen in Leid zu helfen, zu Gott zu finden, sich ihm zu öffnen, ihn zu lieben, diese große Liebe weiterzuleiten, nach seinen Geboten zu leben oder sich an eine andere höhere Kraft zu wenden. Das ist Spiritualität. Auch Malen, Singen, Tanzen und Lachen, jede Kreativität des Lebens ist eine Form von Spiritualität.

Jeder Mensch trägt demnach etwas Spirituelles in sich. Sollte man sich allerdings weigern, die eigene Spiritualität anzunehmen, so wird man oft dazu gezwungen, sie zu leben. Dies geschieht durch vielerlei Schicksalsschläge oder Warnungen. Dabei wird das, was den Menschen daran hindert, diese Entwicklung zu leben, einfach weggenommen - auch wenn es weh tut.

Alles in der Welt läuft schließlich nach karmischen, unsichtbaren Gesetzen ab: Krankheiten zeigen uns, dass mit uns etwas nicht stimmt, Unfälle zeigen uns, dass wir uns im Moment auf einem falschen Weg befinden ... Man leidet - und lernt etwas daraus.

Als Beispiel kann ich hier den Berufsweg nennen: Passt eine Richtung oder eine Branche nicht zu dem Menschen, und will der Mensch es selbst nicht einsehen, so erlebt man mit der Zeit beispielsweise Mobbing am

Arbeitsplatz. Dies ist eine Warnung. Wird der Beruf aber gewechselt, läuft hinterher alles nach Plan und ohne weitere unangenehme Schicksalsschläge. Spirituell zu leben bzw. die eigene uns innewohnende Spiritualität zu erkennen und anzunehmen ist also eine der wichtigsten Aufgaben in unserem Dasein.

∗

Menschenleben und Lebensabschnitte

Ein Menschenleben besteht aus 16 kleinen Lebensabschnitten, die allerdings nicht direkt ineinander übergehen, sondern durch 15 Umbruch-phasen miteinander verbunden sind. Genau in diesen Lebensabschnitten erledigen wir viele unserer Lebensziele, die wir uns vorgenommen haben. In den turbulenten Umbruchphasen dagegen, die meistens mit viel Stress verbunden ist, vollziehen wir eine Umstrukturierung unseres Lebens.

Astrologisch gesehen dauern die einzelnen Lebensabschnitte im Durchschnitt ca. je 7 Jahre. Dies ist jedoch von Person zu Person verschieden. Die Umbruchphasen dauern im Durchschnitt nicht länger als 1 Jahr.
Um es sich etwas leichter vorstellen zu können, kann man sich das Leben als eine Wirbelsäule denken, bei der die Wirbel für die Lebensabschnitte und die Bandscheiben für die Umbruchphasen stehen.

∗

Spirituelle Stufen

Nach Jahren meiner spirituellen Arbeit in Europa habe ich ein System entwickelt, das aufzeigt, auf welcher Stufe der Spiritualität sich ein Mensch momentan befindet, und auf was er weiterhin achten sollte, um diese Entwicklung weiter auszubauen.

Besonders beeindruckt zeigen sich die Menschen immer wieder von der Information, es gäbe spirituelle Stufen, auf welchen man sich (gerade) befindet.

Doch verwundert dies nicht, ist die Frage nach der spirituellen Entwicklung doch eine der wichtigsten Fragen, die sich jeder Mensch stellen sollte.

Nach meinem System gibt es 20 Stufen der menschlichen spirituellen Entwicklung. Dieses System wurde von meinen Klienten und Schülern sehr gut angenommen. Dabei ist zu beachten: "0" steht für nicht spirituelle Menschen, "20" steht für das Höchste, zum Beispiel für Gott. Ein Mensch entwickelt sich allerdings höchstens bis zur Stufe 18, zum Beispiel der Dalai Lama.

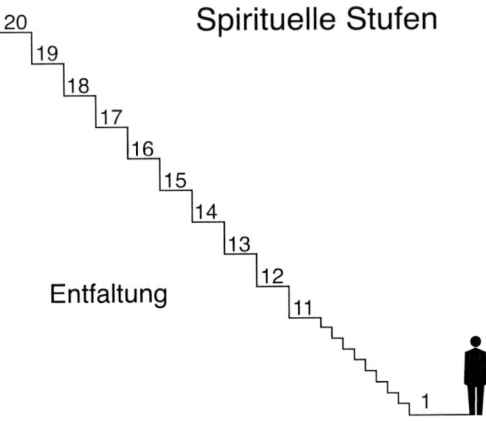

Stufen 1 bis 5: Sie sind die ersten fünf Stufen der Entwicklung. Menschen in diesem Abschnitt interessieren sich für Religion, für Gott oder sie lesen esoterische Literatur. Sie leben jedoch noch nicht spirituell und verbrauchen viel Zeit für materielle Werte (analog zu den Feuer-Geborenen). Doch ist man erst einmal auf der 5. Stufe angekommen, dann kann man nicht mehr rückwärts gehen, ab hier lebt man ein spirituelles Leben.

Stufen 6 bis 8: Hier erleben Sie die erste Entfaltung; diese Phase geht ziemlich schnell. Man lebt dabei allerdings meist noch unbewusst spirituell (analog zu den Erd-Geborenen).

Stufen 9 bis 12: Die zweite Entfaltung: Diese Phase geht langsam vonstatten. Man lebt spirituell und versucht, die Energien oder den Glauben auf andere Menschen zu übertragen. Ab der Stufe 9 geht es um eine Berufung (analog zu den Luft-Geborenen), von dieser Stufe an ist der Mensch eher sozial eingestellt, er ist dann vielfach im esoterischen oder medizinischen sowie energetischen Beratungsbereich tätig.

Stufen 13 bis 18: Die dritte Entfaltung (analog zu den Wasser-Geborenen): Menschen, die über der 13. Stufe stehen, haben viele besondere Fähigkeiten, hier ist das vorherrschende Thema die ganzheitliche Heilung.

Stufen 19 bis 20: Damit sind wir auf der höchsten Stufe angelangt. Diese beiden Stufen symbolisieren das Heilige und das Höchste.

Anhand einer einfachen Kartenlegung können Sie feststellen, auf welcher spirituellen Stufe Sie stehen, und ob Sie Ihre Spiritualität leben. Nehmen Sie also ein Kartendeck zur Hand, das Ihnen persönlich sehr gut gefällt. Als Beispiel nehmen wir hier einmal die Lenormandkarten. Mischen Sie diese, und legen Sie 20 Karten vor sich hin. Nehmen Sie eine beliebige Karte für die Antwort "Ja". (Ich nehme hier immer die Karte "Stern".) Zählen Sie nun die Karten von der zuerst gezogenen Karte bis zu der Stern-Karte. An welcher Stelle liegt die Stern-Karte? Die Lage der Karte verrät die Stufe der momentanen Spiritualität.

Eine zweite Möglichkeit ist es, die Stufe mit einem Pendel festzustellen. Sie konzentrieren sich dabei ganz auf Ihr inneres, intuitives Wissen und pendeln die Stufe aus. Dazu brauchen Sie ein Blatt Papier mit einem Kreis, der in zwanzig Einheiten unterteilt ist. Gehen Sie nun mit dem Pendel vorsichtig durch die Felder, und beobachten Sie das Pendel. Wenn das Pendel stark ausschlägt, so zeigt dies Ihre spirituelle Stufe an.

Dieser Vorgang ist allerdings mit etwas mehr Mühe verbunden als das Kartenlegen, da Sie bei der Arbeit viel Ruhe und Konzentration brauchen.

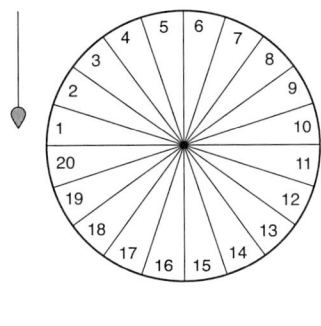

*

Das menschliche Schicksal

Wir sind auf die Erde gekommen, um uns seelisch und spirituell zu entwickeln. Ein gewisser Anteil der Geschehnisse, die in unser Leben treten, sind von einer der höchsten Kräfte vorbestimmt. Diese höchste Kraft nennen wir unser Schicksal - unsere Bestimmung.

Doch die meisten der Begegenheiten bleiben uns überlassen. Bei diesen Handlungen haben wir die freie Wahl. Dabei spielen viele Einflüsse eine enorme Rolle, wie wir uns bei der Wahl verschiedener Wege entscheiden, denn jeder Mensch hat in seinem Dasein auf der Erde mehrere Wege vor sich und kann insoweit eine Wahl treffen. Nur wohin diese Wege führen, wissen wir leider nicht immer ...

Die Erde ist eine Art Schule. Wir lernen zu leiden sowie auch die Liebe zu spüren, zu triumphieren und etwas loszulassen. Dadurch entwickeln wir unsere Seele.

Was lenkt uns in unserem Leben, was belastet uns bei unserer Wahl?

Nun, das sind viele verschiedene Dinge:

- Unsere Vergangenheit und generell alte Begebenheiten können uns stark belasten, wenn wir uns davon nicht lösen. Dazu zählen auch alte Bekleidung, die wir seit Jahren im Keller lagern, sowie nicht losgelassene Beziehungen zu verschiedenen Personen, sei es dass sie verstorben oder weggezogen sind.

- Bestimmte Karmaformen, wie persönliches und familiäres Karma, belasten unser Leben ebenfalls. Jeder Mensch hat ein eigenes Karma – die Summe aller Taten, die unsere Seele begangen hat. Haben wir – vereinfacht gesagt – etwas Böses in einem der vergangenen Leben getan, sollten wir dies in diesem Leben wieder gut machen. Das Familienkarma dagegen ist die Summe aller Taten von mehreren Generationen der Familie, in die wir geboren wurden. Alte Muster unserer Eltern und Großeltern, die sich auch in unserer Opferbereitschaft sowie in unseren Komplexen zeigen, zeichnen das Familienkarma aus.

- Umwelt/Natur und Kosmos beeinflussen unser Dasein täglich. Alles ist eins, und wir gehören zu einem großen Organismus, Erde genannt, die natürlich gleichzeitig auch dem Kosmos zugehörig ist.

- Der Energieaustausch zwischen Menschen und Gegenständen spielt in unserem Leben eine gewaltige Rolle. Nehmen Sie ein Buch in Ihre Hand, so tauschen sich Energien zwischen diesem Buch und Ihnen aus. Sprechen Sie mit einem Menschen, werden ebenfalls Energien zwischen Ihnen und diesem Menschen ausgetauscht – weshalb man beispielsweise auch durch bloßes Zuhören die negativen Energien eines Fremden aufnehmen kann.

- Magie oder generell Energiearbeit kann uns beeinflussen.

- Fotos und Wasser sind ebenfalls Energieträger. Beides beeinflusst unsere Körperenergie zwar gering, aber auf Dauer kann diese Beeinflussung schaden, wenn die Bilder oder das Wasser negativ programmiert sind.

- Die Umgebung, das Haus, die Mitmenschen, die Pflanzen um uns herum - all dies hat eigene Energien. Sind wir daher von negativen Menschen umgeben, so kann uns dies Energie kosten. Ein guter Mensch dagegen kann uns Energie geben.

  Das Gleiche gilt für unsere Wohnungen und Häuser, in denen wir leben: Ist das Haus belastet, weil vielleicht die Vormieter oder Vorbesitzer miteinander gestritten und damit negative Energien in diesem Haus abgelagert haben, streiten auch wir in diesem Haus und haben keine Ruhe. Das kann sogar so weit gehen, dass es sich auf unsere Gesundheit auswirkt.

  Wie erwähnt haben auch Pflanzen eigene Energien. Von so genannten "guten" Pflanzen bekommen wir Kraft (Eiche, Geranie, Narzisse), von "schlechten" wird uns Kraft genommen (Orchidee, Walnuss). Deshalb sollte man beispielsweise nie Orchideen im Schlafzimmer platzieren.

- Genauso sollten unser Wohnort, das Land und der Kontinent uns entsprechen. Passt eines davon nicht zu uns, werden wir müde und unglücklich.

- Die Einstellung des Menschen ist natürlich auch sehr wichtig. Unser Denken ist machtvoll, denn denken wir negativ (Zweifel, Ängste), ziehen wir noch mehr Negatives an - Negatives schafft Negatives, vergessen Sie das nicht. Deshalb sollte jeder versuchen, positiv und klar zu denken.

- Schließlich beeinflussen unsere Entscheidungen und Gedanken unser Leben sehr stark. Bevor Sie etwas entscheiden, sollten Sie daher erst überlegen, ob es für alle Parteien nur Gutes bringt.

Energiearbeit

*

Die Energie des Menschen

Ganzheitlich gesehen hat jedes Lebewesen zwei Energieformen: die Aura (die Außenhülle, eine Energieform, die um den Körper herum schwebt) und die innere Energiebahn (eine Energieform im Körper, die durch unsere Meridiane fließt). Diese beide Energien sind miteinander verbunden und werden im Laufe unseres Lebens durch viele kosmische und energetische Faktoren beeinflusst.

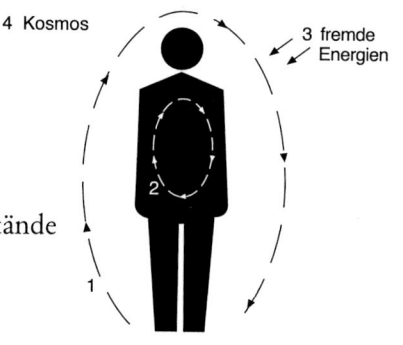

Zu der Zeichnung:

1. Aura (Schutz)
2. Energiebahn
3. fremde Energien = Energieaustausch
   Mensch – Mensch/Mensch – Gegenstände
4. Kosmos

*

Energietypen des Menschen

Es ist zwar sicherlich richtig, dass jeder Mensch individuell ist, aber trotzdem, so denke ich, kann man die Menschen in **4 unterschiedliche Gruppen** einteilen:

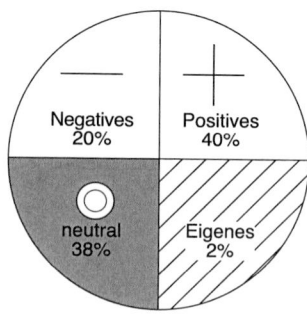

Negativer Typus: 20 Prozent aller Menschen (Sauger)

NICHT PRODUZIEREN - NEHMEN - NICHT GEBEN ↔ solch ein Typus raubt von allen anderen Lebewesen Energie, produziert selbst aber keine.

Positiver Typus: 40 Prozent aller Menschen (Spender)

PRODUZIEREN - GEBEN - NICHT NEHMEN ↔ solch ein Typus produziert Energien, gibt diese weiter, wird jedoch auch oft von anderen Lebewesen ausgesaugt.

Neutraler Typus: 38 Prozent aller Menschen (Verteiler)

NICHT PRODUZIEREN - NEHMEN - GEBEN ↔ solch ein Typus verteilt Energien nach dem Prinzip des "Geben und Nehmen", produziert selbst aber keine Energien.

Eigener Typus/ Mischformen: 2 Prozent aller Menschen

PRODUZIEREN - NEHMEN - GEBEN ↔ solch ein Typus kann alles: nehmen und geben sowie verteilen, er produziert auch selbst Energie. Dies ist eine Mischung aus allen 3 Haupttypen.

Zusätzlich kann man folgende Menschentypen klassifizieren:

Bauchmenschen sind 20 Prozent aller Menschen, sie sind intuitiv.

Kopfmenschen sind 40 Prozent aller Menschen, sie sind logisch.

Bauch-Kopfmenschen sind 40 Prozent aller Menschen, sie können intuitiv und gleichzeitig logisch sein.

Damit alles im Gleichgewicht bleibt, sollte jeder Mensch auf seine Energien achten. Haben Sie Anzeichen wie Müdigkeit, fühlen Sie sich ausgelaugt oder Ähnliches, so deutet dies meistens auf einen starken Energieverlust hin. Man hat gute Energien verloren und stattdessen negative Energien aufgenommen.

Doch: Kann man sich wieder "reinigen"? Kann man es wieder in Ordnung bringen? Man kann. Und zwar durch folgende Vorgänge.

Befreiung von negativen Energien

- durch ein Gebet
- durch Schamanenarbeit
- durch Energieübertragung
- durch weiße Magie
- durch Chakraarbeit
- durch das Verwenden von verschiedenen Gegenständen (Salz, Wasser, Zucker, Kohle, Pflanzen, Steine, Amulette, Farben)
- durch die eigene Einstellung (Negatives zum Positiven wenden)
- durch Meditation, Mentalreisen, Innenreisen, Karmaarbeit

✳

Energiespeicher

In unserer reichen Natur gibt es viele Wunder. Einige Dinge scheinen uns vielleicht zu einfach zu sein, sie können aber viel mehr bewirken, als wir vermuten. So gibt es Energie speichernde Substanzen, die gute oder schlechte Energien aufnehmen und halten können. Durch sie kann man heilen. Zum Beispiel: Wasser oder Salz nehmen Energien auf und können diese weiterleiten. Wenn wir beten und ein Glas Wasser vor uns haben, nimmt das Wasser Energien von unserem Gebet auf. Trinken wir das Wasser, nehmen wir die positive Schwingung des Gebetes durch das Wasser also erneut in uns auf. Auch Salz kann negative Energien aus einem Raum oder einem Körper aufnehmen, daher werden verschiedentlich seit ewigen Zeiten Schalen mit Salz in Räumen aufgestellt.

Energiespeicher sind:

Wasser
Salz   Zucker   **Heilung**
Staub Kohle

Daneben gibt es aber genauso Gegenstände, die menschliche Energie tragen. Ich bezeichne diese einfach als Energieträger, zum Beispiel Fotos oder unsere Kleidung trägt unsere Energie in sich, auch unsere Haare und Nägel. Durch diese Energie kann man ebenfalls eine Heilung hervorrufen. Wenn ein Klient also auch nicht nah bei mir ist, kann ich so immer noch mit seinem Foto arbeiten. Denken Sie einfach an Voodoo und an die Voodoopuppen, um sich diesen Vorgang besser vorstellen zu können, denn bei der Herstellung solch einer Puppe wird auch etwas von der betreffenden Person genommen (Haare oder ein Stückchen Bekleidung). Es ist nicht sonderlich bekannt, aber Voodoopuppen werden meist für Heilungen eingesetzt (nicht nur bei schwarzmagischen Ritualen).

Energieträger sind:
Fotos
Bekleidung
persönliche Dinge   **Heilung**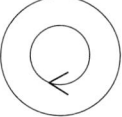
Flüssigkeiten
Haare und Nägel

Schließlich gibt es auch eine Ursubstanz. Das ist die so genannte Naturenergie, die in einigen Gegenständen ihren Platz hat und auch der Heilung dient. Es ist eine Schwingung. Diese finden wir in einem Gebet, in einem Ei oder auch in Getreide.

Ursubstanz:
Gebet
Eier
Getreide   **Heilung**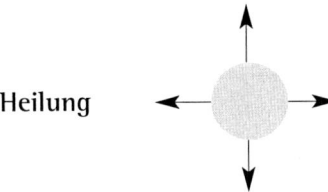
Wurzeln

Kapitel 2

Besprechen und Gebete

* * * ✳ * * *

Die wichtigsten Grundsätze des "Besprechens"

Das Gebet ist der Atem unserer Seele, weswegen es zu jedem Tag unseres Lebens dazugehören sollte. Wir sollten nicht nur an den Tagen, an denen es uns schlecht geht, beten, sondern auch an den Tagen, an denen es uns gut geht.
Jeder Mensch braucht Hilfe von oben. Wir kommen immer wieder in Situationen, in denen wir mit unserem Können am Ende sind. Wir spüren, dass wir Gottes Hilfe brauchen. Unser Leben ist das Leben mit Gott, und dabei spielt es keine Rolle, an was Sie glauben und welcher Religion Sie gehören. Denn Gott ist überall, in jedem von uns - in unserem Herzen. Gerade durch Gebete und die Treue im Beten erfahren Sie Gottes Treue zu uns.

In diesem Kapitel will ich Ihnen erklären, wie Sie mit Gebeten arbeiten können und für was ein Gebet zu gebrauchen ist. Doch bevor Sie mit dem praktischen Teil beginnen, lesen Sie bitte die folgenden Seiten dieses Buches durch. Denn jeder spirituelle Therapeut, Heiler, Besprecher (der Mensch der Gebete liest) oder jeder, der Gebete und seine eigene Energie dazu verwenden will, um sich und anderen Menschen zu helfen, sollte einige Grundsätze kennen.

1. Ihre eigene Einstellung zum Leben entscheidet, ob Ihre Hilfe angenommen wird. Ob Ihre Energie zur Heilenergie wird, entscheiden also Sie selbst. Deshalb sollte jeder, der sich mit Heilung beschäftigt, zuerst die eigene goldene Mitte finden. Dazu können Sie viele verschiedene Methoden anwenden, egal ob es nun eine Meditation, die Yogalehre, eine Schamanenreise oder ein Urlaub ist.

2. Verwenden Sie nie Gebete für etwas Böses. Schwarze Magie ist eine genauso feine Energie wie auch weiße Magie. Ein Wort ist Energie und kann in beide Richtungen wirken, weshalb Sie immer darauf achten sollten, was Sie sagen oder denken. Bei allem, was Sie

tun, müssen Sie zudem bedenken, dass alles, was Sie anderen antun, früher oder später auf Sie zurückkommen wird. Gehen Sie deshalb mit Ihrem Wissen, Ihrem Können und Ihren Wünschen weise um. Was man sät, das wird man ernten ...

3. Sie sollten versuchen, beim Beten auch Ihre Worte zu visualisieren, so wird Ihr Gebet stärker wirken.

4. Zweifeln Sie nie an Ihren Wünschen. Denn wenn Sie heilen lernen wollen, sollten Sie unbedingt daran glauben.

5. Wenn es Ihnen schlecht geht, versuchen Sie positiv zu denken, indem Sie sich ins Gedächtnis rufen, was Ihnen alles zur Verfügung steht. Man sollte nicht vergessen, den Kräften des Universums zu danken für das, was man hat – vor allem angesichts des großen Elends, das es in der Welt gibt.

6. Leben Sie mehr mit Herz. Leben Sie, und lieben Sie alle und sich selbst. Senden Sie die Strahlen Ihrer Liebe nach außen.

7. Bevor Sie über etwas jammern, fragen Sie sich: "Wie werde ich mich wohl in einem Monat fühlen?" Danach werden Sie sich mit Sicherheit nicht mehr ganz so schlecht fühlen. Lesen Sie auch ein Gebet, wenn es Ihnen wieder schlecht geht – das hilft garantiert mehr, als zu jammern.

8. Nehmen Sie die Menschen so, wie sie sind. Ein Fremder ist nicht immer ein Fremder. Wenn Sie ihn zum Lächeln bringen können und ihm auch zuhören, wird er zum Freund. Behandeln Sie andere deshalb so, als ob Sie ihnen eine Freude machen würden.

9. Bei einer Beratung muss die Wahrheit nicht herausgeschrieen werden. Drücken Sie Ihre Meinung auf eine ruhige Art und Weise aus. Andere Menschen finden die Wahrheit auf ihre eigene Weise.

10. Die meisten Menschen kämpfen ihr ganzes Leben lang darum, Schätze anzusammeln und versichern sich gegen vielerlei Schäden oder Verluste sowie gegen verschiedene Unfälle und Krankheiten. Sie stützen ihre Sicherheit auf äußerliche Maßnahmen. Was sie aber nicht erkennen

ist, dass dies keinen Menschen weiter bringt. Materielle Güter allein machen den Menschen nicht glücklich, sondern die Sicherheit gehört dem, dessen Glaube in Gott und im Kosmos ruht.

Bei welchen Leiden und gegen was können Gebete helfen?

Grundsätzlich werden Gebete und Heilgebete als begleitende Maßnahme bei folgenden Leiden und Problemen angewendet:

- allgemeine gesundheitliche Schwäche und Altersschwäche
- Schwäche der Gelenke und des Bewegungsapparates
- Rückgang des Augenlichtes
- Entzündungen, Zahnschmerzen, Gerstenkorn u. Ä.
- Organschwäche
- Kopfschmerzen
- Suchtprobleme
- Übergewicht oder Magersucht
- Immunsystem und schleichende Erkrankungen
- Psyche, Unruhe und Kraftverlust, seelische Leiden
- Liebesprobleme und Kummer
- für die Treue
- Zusammenführung nach einer Trennung
- Eheprobleme
- Probleme mit Kindern oder Eltern
- Unruhe der Verstorbenen oder Geister
- Begleitung der Seele ins Licht
- schlechte Energien im Raum

- Karmareinigung
- Reinigung der Seele und Energiereinigung des Körpers
- berufliche Probleme und Mobbing
- Neuanfang im Beruf, Selbstständigkeit
- Feinde und unangenehme Personen
- Loslassen bei vielen Problemen
- für Erfolge aller Art
- gegen Finanzprobleme und für Gewinne
- Gerichtsprobleme
- Umgebung, Nachbarschaft
- für Tiere
- Besetzungsprobleme
- gegen den bösen Blick
- um Engelkontakte herzustellen
- für die Schönheit
- gegen Familienflüche
- zum Schutz
- gegen Diebstahl u.v.m.

WICHTIG:

Wenn Sie für andere Menschen beten oder für sich selbst und damit helfen wollen, müssen Sie an den Erfolg *glauben*, denn der Glaube ist die stärkste Kraft überhaupt. Beim Beten passiert Folgendes: Die Gedanken, der Glaube und die Worte wirken mit ihren Schwingungen zusammen – mit ungeheurer Kraft und Wirkung. Die dadurch erzeugten Energien führen zu einer schnelleren ganzheitlichen Heilung oder zu einer Erleichterung des Leidens.

Alles Gesagte sollte ferner unbedingt *visualisiert* werden, denn das verstärkt die Wirkung des Gebetes. Die Vorstellungskraft ist quasi unabdingbar bei der Geistheilung.

Bevor Sie anfangen zu beten, besorgen Sie sich die **nötigen Gegenstände** bzw. Utensilien:

1 **Kristallglas** oder eine Kristallvase,
   die Sie mit Leitungswasser füllen und auf einen Tisch stellen. Das Wasser speichert die Gebetsenergie sowie die Schwingung des Wortes und kann danach auch getrunken werden, um die Wirkung des Gebetes zu verdoppeln und die Heilung zu beschleunigen. Das Wasser wird von der Person getrunken, für die gebetet wird.

1 Stück **schwarzen Stoff**
   (ein Stück Baumwollstoff oder einen zusammengefalteten schwarzen Stoff, z. B. eine schwarze Hose) zum Erden, damit die guten Energien nicht wegfließen. Diesen Stoff legen Sie beim Beten unter die Knie. Sollten Sie nicht knien können, stellen oder setzen Sie sich auf den schwarzen Stoff.

1 bis 3 Ikonen, 1 bis 3 Engelbilder oder eine Skulptur
(zum Beispiel ein Engel oder Jesus). Diese Bilder unterstützen den Betenden mit der höchsten Energieform.

1 Foto der Person,
für die gebetet wird, oder einen Zettel mit dem Namen dieser Person. Denken Sie daran, dass sowohl das Foto als auch der Name der Person, für die gebetet wird, Energie überträgt. Wenn allerdings ein Foto auf dem Tisch liegt, kommt die Wirkung des Gebetes schneller bei dem Empfänger an.

Kerzen zur Unterstützung des Gebetes

Je nach Anlass stellt man unterschiedlich viele Kerzen auf den Tisch zur Unterstützung der Gebetsenergie. Man nimmt 1 Kerze für die Genesung, 3 für ein Gebet für Verstorbene, 7 für die Liebe, die Freundschaft und den Schutz und 12 Kerzen für alle weiteren Wünsche. Die Kerzen sollten immer vollständig abbrennen, weshalb Sie kleine Kerzen bevorzugen sollten. Teelichter werden jedoch nur für den Fall benutzt, dass man für einen Verstorbenen betet – sonst nicht. Lassen Sie brennende Kerzen auch nie ohne Aufsicht, und achten Sie auf die Sicherheitsbestimmungen.

Ein Öl,

z. B. ein beliebiges ätherisches Öl.

Ein Amulett

zur eigenen Unterstützung und ein Amulett oder einen Talisman für denjenigen, für den gebetet wird. Sie können als Amulett auch verschiedene Edelsteine verwenden, wobei die Größe des Steines keine Rolle spielt. Ein Edelstein/Trommelstein speichert Energien vom Gebet und dient dem Dauerschutz.

Sie sollten sich vorab genau überlegen, zu wem Sie beten. Am besten beten Sie immer zu der Kraft, an die Sie glauben (Kosmos, Buddha, Gott, Engel, Madonna oder Jesus).

Alle Utensilien werden nun auf einen Tisch gelegt, und die Kerzen werden angezündet. Knien Sie sich nun auf dem schwarzen Stoff vor den Tisch, oder setzen Sie sich auf einen Stuhl auf den schwarzen Stoff. Machen Sie dann acht Verbeugungen zum Tisch zur Begrüßung der höheren Kraft. Lesen Sie anschließend das Gebet.

Amulette und Talismane

Das Amulett wird am Hals getragen, am Schlüsselbund befestigt oder auf andere Art bei sich getragen. Es gibt mittlerweile Gesundheits-, Schutz, Glücks-, Liebes- und Erfolgsamulette und -talismane. Sie bewirken die magische Heilung, schützen vor bösen Menschen und Geistern, bringen irdisches Glück ...
Talismane haben viel Macht und Kraft, wobei diese nur auf den Träger übertragen werden. Man unterscheidet Talismane aus Metall oder Holz, es gibt aber auch welche, die auf Papier getuscht sind. Bestimmen Sie

einfach einen Gegenstand, den Sie zu einem Amulett machen wollen. Dabei spielt es wie gesagt keine Rolle, was es ist. Sie können sich auch einen Stein aus der unten stehenden Tabelle aussuchen – wenn Sie sich nicht entscheiden können, sollten Sie zu einem Blutstein greifen, auf den ich unten näher eingehen will.

Edelsteine

sind seit Jahrtausenden ein guter Schutz gegen viele Krankheiten und gegen alles Böse. Sie haben verborgene Wunderkräfte und schenken ihrem Besitzer Glück. Es gilt mittlerweile auch als erwiesen, dass Edelsteine dem Körper sogar fehlende Mineralien zuführen können. Edelsteine üben seit Jahrtausenden eine ganz besondere Faszination aus – ihre funkelnde Brillanz und ihre geheimnisvollen Farben besitzen eine geradezu magische Anziehungskraft. Bereits 3000 v. Chr. wandten die Russen die Edelstein-Therapie an und heilten Krankheiten allein durch das Auflegen von Steinen. In Westeuropa liegt die Anwendung sogar noch länger zurück. In der Antike verfassten Heiler und Astrologen Schriften darüber, welche Steine man tragen sollte, um sich vor negativen Einflüssen der Planeten zu schützen. Römer und Ägypter brachten die heilende Kraft der Steine in Verbindung mit Liebe, Gesundheit und Erfolg.

Blutsteine

Der Blutstein, der auch Hämatit genannt wird, nimmt unter den Edelsteinen einen ganz besonderen Platz ein. Seine magisch-mystische Wirkung ist weltweit berühmt. Schon seit alters her gilt der Blutstein als Stein der Treue und der Liebe sowie als der Stein, der Glück, Gesundheit und Erfolg bringt. Bereits die alten Ägyptern und die Araber haben den Stein als Schutztalisman getragen. Hält man den Blutstein in der Hand, glänzt er nur anthrazitfarben, hält man ihn aber gegen das Licht, sieht man die blutrote Farbe. Der Name leitet sich aber von der Tatsache ab, dass, wenn der Stein geschliffen wird, das Kühlwasser wie dunkelrotes Blut herunterläuft.

In der nachstehenden Tabelle finden Sie weitere wichtige Steine.

Edelstein-Tabellarium

Edelstein	magische Wirkung	symbolische Bedeutung	Heilwirkung
Rubin	Kraft	Stein der Leidenschaft	hoher Blutdruck
Jaspis	Reichtum	Stein der Achtung	Durchfall, Blut, Probleme der Geschlechtsorgane
Türkis	Liebesglück	Stein des Glücks	Blähungen, Fieber
Onyx	hellseherische Fähigkeiten	Stein der Magier	Augenleiden, Asthma
Achat	gegen Krankheiten	Stein der Gesundheit	Allergien, Därme
Aquamarin	Stein der Schönheit	Schönheitsstein	Muskeln, Herzkrankheiten
Lapis	gegen Unruhe und für besseren Schlaf	Stein der Ruhe	Ausschläge, Ekzeme
Malachit	Gliederschmerzen, Rheuma	Stein der Heiler	sexuelle Unlust, Zahnfleischprobleme

Edelstein	magische Wirkung	symbolische Bedeutung	Heilwirkung
Tigerauge	Erfolg	Liebesstein	Atemnot, offene Beine
Blutstein	Treue	Stein der Versöhnung	Blutarmut, niedriger Blutdruck
Bergkristall	gegen Täuschung	Stein der Meditation	Menstruationsbe-, schwerd., Übelkeit
Amethyst	gegen Genusssucht	Stein der Enthaltsamkeit	Akne, Alkoholsucht
Karneol/Carneol	Schutz vor Unfällen	Stein der Lebensfreude	Asthma, hoher Blutdruck
Rosenquarz	gegen Angst	Stein der Liebe	Fußpilz, fettige Haut
Citrin	gegen Überempfindlichkeit	Stein des Selbstbewusstseins	Appetitlosigkeit, Hautprobleme
Aventurin	gegen Nervosität, Unlust	Stein gegen Unsicherheit	Schuppen, sprödes Haar
Azurit	Hoffnung	Heilstein	Verletzungen
Chalcedon	gegen Aggressivität	Stein gegen Kummer	Diabetes, kalte Füße
Amazonit	gegen Kummer	Lebensluststein	Gehirnerkrankungen
Feueropal	Mut	Stein der Heiligen	Herzerkrankungen
Granat	gegen Depressionen	Stein der Seele	Arthritis, Blutarmut
Heliotrop	gegen Alpträume	Sonnenwendstein	Grippe, Haarausfall
Jade	gegen Traurigkeit	Lendenstein	Diabetes, Gelbsucht

Edelstein	magische Wirkung	symbolische Bedeutung	Heilwirkung
Mondstein	gegen Gefühlskälte	Stein der Fruchtbarkeit	Darmentzündung, Warzen
Bernstein	gegen Depressionen	Stein der Entscheidung	Atemnot, Schuppenflechte
Zirkon	gegen Melancholie	Stein der Träume	Allergien, Bronchitis

*

Astrologische Tierkreis-Steine

Widder	21.03-20.04	Carneol, Jaspis
Stier	21.04-21.05	Rosenquarz, Carneol
Zwillinge	22.05-21.06	Tigerauge, Citrin
Krebs	22.06-22.07	Aventurin, Chrysopas, Achat
Löwe	23.07-23.08	Bergkristall, Diamant
Jungfrau	24.08-23.09	Citrin, Aquamarin
Waage	24.09-23.10	Rauchquarz, Lapis, Perlen
Skorpion	24.10-22.11	Carneol, Dolomit
Schütze	23.11-21.12	Chalcedon, Sodalith
Steinbock	22.12-20.01	Onyx, Malachit
Wassermann	21.01-19.02	Falkenauge, Türkis, Amazonit
Fische	20.02-20.03	Amethyst, Mondstein

*

Ihr persönliches Amulett

Suchen Sie sich einen Stein aus, und machen Sie ihn zu einem Amulett. Vor dem ersten Tragen sollten Sie Ihr Amulett energetisch reinigen. Falls Sie das Amulett nicht nur als Schmuckstück tragen möchten, ist es auch wichtig, eine persönliche Beziehung zu ihm aufzubauen.

Tragen Sie das Amulett dazu 24 Stunden bei sich (am Hals, unter der Kleidung), möglichst ohne es jemandem zu zeigen. Das Amulett nimmt nun Ihre persönliche Schwingung an. Zusätzlich sollten Sie es während dieser Zeit mindestens vier Mal für je 10 Minuten in der Hand halten, wobei Sie mit eigenen Worten die erhoffte Wirkung aussprechen. So kann das Amulett sein Wirkungsfeld auf Ihren Körper bzw. Ihre Seele einstellen. Anschließend sollten Sie auf der Rückseite Ihre persönlichen Zeichen einritzen. Das können Ihre Initialen, das Familienwappen, Runen oder auch selbst entworfene Zeichen sein, zusätzlich eventuell Ihr Tierkreiszeichen.

Wenn Sie diese Aktivierung abgeschlossen haben, sollten Sie über die Vorder- bzw. Rückseite blasen, als wollten Sie Staub entfernen. Alle fremden Einflüsse sind nun entfernt.

Ein derart gereinigtes Amulett kann man offen und sichtbar tragen, wenn man das will. Trotzdem sollte man darauf achten, dass es von anderen Menschen nicht berührt wird. Natürlich ist es auch möglich, mehrere Amulette gleichzeitig zu tragen.

Die richtige Auswahl von Kerzen und Farben

Kerzen sind eine sehr alte und starke Methode, den Glauben in die gewünschte Richtung zu lenken. Deshalb verwendet man beim Beten auch immer Kerzen.

Die Bezeichnung "Kerzenmagie" steht für Rituale, die für eine Person durchgeführt werden, der geholfen werden soll. Man stellt dazu eine Kerze auf einen Altar und liest ein Gebet, in dem die Wünsche geäußert werden. Nach dem Gebet lassen Sie die Kerze abbrennen.

Hier möchte ich kurz die zwei wichtigsten Kerzentypen in ihrer Bedeutung vorstellen.

∗

Astrokerzen (Personenkerzen)

Astro- oder auch Personenkerzen repräsentieren die Person, für die das Kerzenritual ausgeführt werden soll. Man wählt generell am besten eine weiße Kerze, da Weiß eine neutrale Farbe und daher am besten geeignet ist.

∗

Tageskerzen

Diese Kerzen haben die Funktion, dem Ritual zusätzlich Energie zu verleihen. Die Wahl der Farbe hängt davon ab, an welchem Wochentag man das Ritual durchführt.

Montag:	*weiß*	*Freitag:*	*hellgrün*
Dienstag:	*rot*	*Samstag:*	*schwarz*
Mittwoch:	*lila*	*Sonntag:*	*gelb*
Donnerstag:	*blau*		

Man kann sich also entscheiden, ob man nur die Flamme zur Unterstützung des Gebetes verwendet (die Flamme hat sehr viel Energie) oder auch die Farbe der Kerzen beachtet. Ich persönlich verwende meistens weiße Kerzen, ab und zu halte ich mich allerdings an die Überlieferung und verwende Kerzen in verschiedenen Farben, je nach dem, für was ein Gebet ich sie verwende.

Für die erste Zeit können Sie die Farben aus der untenstehenden Tabelle als guten Anhaltspunkt nehmen. Man kann auch verschiedene Kerzenfarben kombinieren, wenn es in Ihrem Gebet um verschiedene Themen geht.

Farbe der Kerze	Bedeutung
Rot	Leidenschaft und Kraft, auch Sexualität
Lila	Liebe, Lust und Ehre
Orange	Erfolg und Kommunikation
Grün	Glück und Geld
Weiß	Heilung und gegen alles Negative. Weiß ist eine Universalfarbe.
Schwarz	Reinigung, gegen Magie
Gelb	Schutz und Gleichgewicht
Pink	Familie, Freundschaft und Liebe
Braun	Harmonie, gegen Streit
Naturfarbe	Reinigung, Genesung
Silber	mentale Welt

Achten Sie genau darauf, wie die Kerzen brennen und wie sich die Flamme verhält. Wenn sich die Kerzen nur schwer anzünden lassen oder nur schwach und mühsam die Flamme erhalten, könnte das Beten problematisch sein. Warten Sie in solchen Fällen einfach ein paar Stunden ab, und versuchen Sie, das Gebet zu einer späteren Stunde zu lesen.

Damit Sie sich noch leichter für die richtige Kerzenfarbe entscheiden können, habe ich für Sie eine Farbenübersicht in Form einer Tabelle zusammengestellt.

Tabelle der Farbwirkungen der sechs wichtigsten Heilfarben

ROT

- Wurzelchakra
- belebende Energie
- Überschwang an Lebensfreude
- Wut, Hass, Eifersucht
- Entzündung und Fieber
- Aktivität und Belebung
- cholerische Natur
- Sexualität
- gegen Stress und Nervosität
- Kreislauf anregend und Förderung der Durchblutung
- verbessert die Atmung
- bringt neue Kräfte
- Wundheilung
- gegen Schwäche

ORANGE

- Sakralchakra
- vitalisierend, stärkt die Lebensenergie
- Psyche
- Energie für den ganzen Körper
- psychisch wirkt diese Farbe aufmunternd
- gegen Depressionen
- gegen Belastungen
- bei Partnerschaftsproblemen

GELB

- Sonnengeflecht (Gefühlszentrum)
- stimmungsaufhellend
- lebensbejahend
- Selbstvertrauen
- Konzentration
- Nervenstärke
- Klarheit und Lebensfreude

GRÜN

- Herzchakra – die geistige Mitte des Wesens
- Kräfte zurücknehmend
- belebend und gleichzeitig beruhigend
- phlegmatisches Temperament
- Ruhe und Regeneration
- Erkrankung der Atemwege
- Lebenskräfte

BLAU

- Kehlkopfchakra und "drittes Auge" – Persönlichkeitszentrum
- Ruhe, Entspannung für Körper und Seele
- melancholisches Temperament
- Blau beruhigt die Nerven, den Kreislauf, die Atmung
- gegen Fieber
- gegen Gereiztheit
- gegen Angst und Unruhe
- gegen Schlaflosigkeit
- für mehr Fantasie
- senkt den Blutdruck
- lindert Schmerzen im Rücken
- gegen Kopfschmerzen

VIOLETT

- Kronenchakra – Scheitel-Zentrum
- Ausdruck der höchsten Schwingung
- geistige Kraft
- Übersinnliches
- zur Meditation
- zur Vergeistigung oder Verinnerlichung
- Geduld
- harmonisierend
- das Loslassen
- die Milz und das Lymphsystem
- gegen Ermüdungserscheinungen

*

Kerzen einölen

Bevor Sie die Kerzen in einer Zeremonie verwenden, sollten Sie sie mit einem Öl einreiben, denn Öle sind gute Träger der Energie. Man kann dazu ätherische Öle oder auch Kräuteröle verwenden.

Ich beschäftige mich seit Jahren intensiv mit den heilenden Eigenschaften von Kristallen, Steinen, ätherischen Ölen und Kräutern. Dabei bin ich in meinen Studien nicht nur auf die Vielfältigkeit der Mittel gestoßen, sondern auch auf eine nicht zu vernachlässigende Tatsache: Die natürlichen Mittel, welche wir für uns verwenden, müssen möglichst rein und unverfälscht sein, um ihre Wirkungen entfalten zu können. Verwenden Sie deshalb keine billigen Öle. Man braucht für die Einölung der Kerzen ohnehin sehr wenig Öl, es wird also eine kleine Menge für viele Kerzen ausreichen.

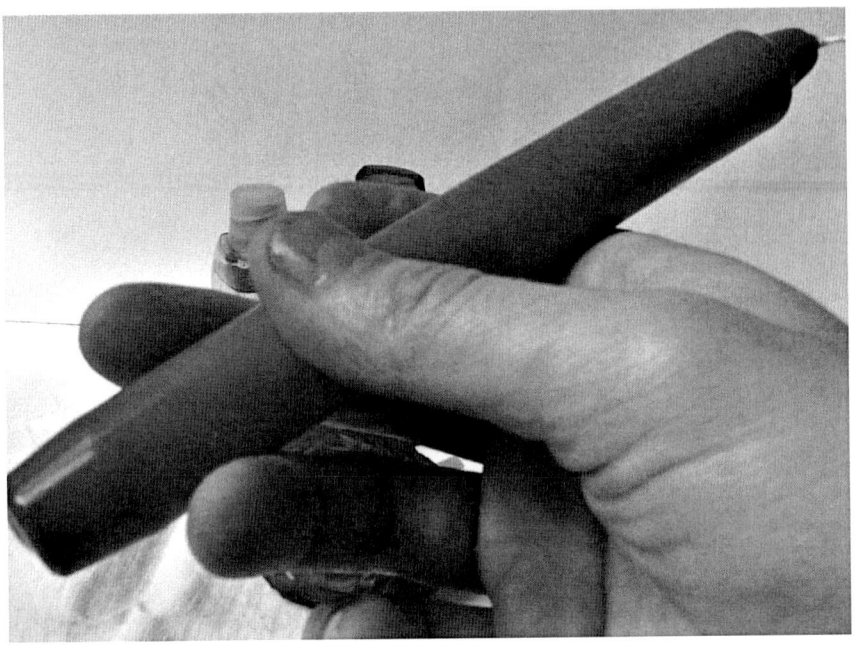

Ich persönlich verwende meistens folgende Öle:

- Zedernöl
- Eukalyptusöl
- Olivenöl

- Rosenöl
- Minzöl
- Lavendelöl

Man kann verschiedene Öle auch miteinander mischen. Gehen Sie ruhig nach Ihrem Gefühl, welche Öle Sie verwenden oder miteinander mischen möchten. Sie können fertige Öle verwenden oder auch ein Kräuteröl selbst herstellen:
Nehmen Sie ein Kraut Ihrer Wahl, Sie können auch verschiedene Kräuter mischen. (Beispielsweise können Sie Dill, Petersilie, Estragon, Zimt, Muskatnuss und Basilikum verwenden. All diese Kräuter lösen Blockaden und haben viel Energie.) Das Kraut oder die Kräutermischung wird in die Ölflasche (Salatöl o. Ä.) gegeben. Schließen Sie die Flasche, und lassen Sie sie zwei Wochen stehen. Danach werden die Kräuter aus der Flasche entfernt, und das Öl wird geseiht. Fertig.

Einölen der Kerze

Wenn Sie ein Öl für Ihr Gebet ausgesucht haben, reiben Sie die Kerzen ein. Tragen Sie dabei das Öl mit Ihren Händen auf, damit Ihre Schwingung durch das Öl auf die Kerze übertragen wird.

Exkurs: Die magische Atmosphäre – Räuchern

Seitdem die Menschheit das Feuer beherrscht, wurden diesem aromatische Stoffe und Pflanzenanteile als Räuchermittel beigegeben. Schon in der Bibel finden wir viele Beispiele, wo und wie geräuchert wurde, und jeder Medizinmann in Asien, Afrika, Indien, Australien oder Amerika tut es auch heute noch. Genauso kennt und schätzt man bei fast allen großen Weltreligionen die Verwendung von Räuchermitteln.

In den Tempeln des Ostens brennen Tag und Nacht Ghee-Lampen. Diese sind aus Messing gefertigt, arbeiten wie ein Öl-Lämpchen und werden mit Ghee (Butterfett) gefüllt, welches auch mit einigen Tropfen ätherischem Öl aromatisiert werden kann.

Nach altindischer Überlieferung reinigt Ghee die Atmosphäre und ist damit die ideale Meditationshilfe. Man kann zum Räuchern Stäbchen, Weihrauch oder die oben erwähnten Ghee-Lampen benutzen.

Vielleicht fragen Sie sich, warum überhaupt geräuchert wird? Nun, aus mehreren Gründen:

* gegen negative Strahlung
* zur Reinigung der Räume
* bei Meditationen
* bei Seancen (Hellsehen, Wahrsagen, Pendeln)
* bei spirituellen Sitzungen
* zum Vertreiben von schlechten Gedanken, Wünschen und schwarzmagischen Angriffen

Besonders wichtig ist die Verwendung von Räucherwerk auch für Menschen, die sich mit Esoterik, Pendeln oder Wahrsagen beschäftigen.

Wenn Sie einen Drang nach Reinigung empfinden, oder wenn ein unangenehmer Mensch Sie besucht hat, dann sollten Sie ein Räucherstäbchen anzünden, damit die Atmosphäre im Raum wieder gereinigt wird. Danach öffnen Sie kurz ein Fenster, um das nun gebundene "Negative" verschwinden zu lassen.

*

Tabelle der Räucherungen

Aroma	Wirkung
Amber (Bernstein)	zur Abwehr
Almond (Mandel)	zum Angriff
Apfel	zur Reinigung der Seele
Cannabis (Hanf)	zur Abwehr
Cinnamon (Zimt)	zum Schutz
Grass (Lemongrass)	zur Reinigung
Jasmin	zur Reinigung der Wohnung
Kirsche	für Liebesrituale
Lavendel	begünstigt die Nähe zu Gott
Lilie	für Rituale
Flieder	schützt und reinigt
Lotus	zur Reinigung der Wohnung
Moschus/Musk	zur Geisteraustreibung
Opium	reinigt, fördert Beständigkeit

$$\ast \ast \ast \text{✳} \ast \ast \ast$$

Die Zusammenstellung eines Gebetes

Gebet ist nicht gleich Gebet. Das Schema, das ich Ihnen hier vorstelle, stammt aus dem Schatz meiner Oma, aus altem schamanischen Wissen. Da ein Gebet durch die Wortzusammenstellung und die dadurch erzeugte Schwingung wirkt, sollte jeder, der sich mit dem Beten beschäftigt, dieses Schema kennen.

Der *erste Teil* eines Gebetes ist der Aufbau. Hier soll man einen Satz bilden, in dem eine Kraft, an die Sie glauben, begrüßt wird. Man begrüßt z. B. den Kosmos, einen Engel oder den Herrgott, und sagt in Kürze, was man möchte.

Versuchen Sie, Ihren Wunsch in ein paar Worte zu fassen. Der eigene Name muss dabei allerdings unbedingt einmal gesprochen werden. Sie sagen zum Beispiel:

"Lieber Gott und deine Kräfte, helft mir (eigenen Namen sagen), einen Schutzschild zu erstellen, um mich zu beschützen und zu heilen."
Der *zweite Teil* eines Gebetes dient der Steigerung der Kraft und der Schwingung des Gebets. Hier verstärken Sie durch die Wiederholung eines Gebetes aus der Bibel die Schwingung Ihres Wunsches. Wählen Sie ein Gebet wie das "Vaterunser", das "Rosenkranzgebet" oder "O Maria". Lesen Sie das Gebet mehrmals hintereinander. Hierbei ist zu beachten:

- Bei einem Gebet für die Gesundheit, die Genesung und den Schutz wird das Bibelgebet 4-mal gelesen.
- Für die Liebe und Partnerschaft wird das Bibelgebet 7-mal gelesen.
- Für verstorbene Menschen wiederholen Sie das Bibelgebet 3-mal hintereinander.
- Für alle anderen Wünsche und Angelegenheiten lesen Sie das Bibelgebet 5-mal.

Im *dritten Teil* des Gebetes formulieren Sie nun drei Sätze, in denen Sie sagen, was Sie sich wünschen. Sie sollten das Gesagte visualisieren können. 4-mal lesen.

Der *vierte Teil* eines Gebetes ist der Abschluss. Sie sagen zum Schluss entweder 3-mal "Amen" oder "so sei es". Alternativ können Sie Ihr Gebet auch mit den Worten "Meine Worte haben Gültigkeit" oder "Nicht ich bespreche, sondern Gott" beenden.

Nachdem Sie gebetet haben, stehen Sie ruhig wieder auf. Die Kerzen lassen Sie bis zum Ende abbrennen. Als Danksagung können Sie zum Schluss noch einmal das "Vaterunser" aufsagen.
In der Regel betet man so lange, bis alles gut wird. Aber ein Gebet sollte mindestens 10 Tage lang gelesen werden. Sie lesen am besten abends oder in der Dämmerungsstunde. Insgesamt sollten Sie täglich etwa 20 Minuten Zeit für Ihr Gebet einplanen.
Das Wasser, das Sie im Glas oder in der Vase zum Beten auf den Tisch gestellt haben, trinken Sie dann nüchtern in der Früh. Sie können aber auch Ihr Gesicht und Ihre Hände damit waschen.
Ab dem 11. Tag tragen Sie auch das Amulett immer bei sich. Stecken Sie es aber auf keinen Fall in eine Hosentasche! Wenn Sie für eine andere Person gebetet haben, geben Sie das Amulett an diese Person weiter.

Eine wichtige Voraussetzung für einen betenden Menschen ist der Glaube. Glauben ist wichtig und ermöglicht eine Energieübertragung. Wenn Sie an Ihre Kräfte und an Gott glauben, werden Sie viel Erfolg beim Beten haben. - Jeder sollte in der Festung von Gottes innerer Gegenwart leben.
Beim Beten ist es ferner wichtig, dass wir das, was wir beten, auch zu visualisieren versuchen. Denn dies unterstützt das Gesagte und ermöglicht eine schnelle Wirkung des Gebetes.

Ich arbeite schon seit Jahren mit Heilgebeten und bin davon überzeugt, dass diese eine sehr starke Wirkung haben und zur Genesung beitragen können.

Aber auch amerikanische Studien mit Krebskranken beweisen die Wirkung von Gebeten: So wurden drei Jahre lang zwei Patientengruppen untersucht. Alle hatten das gleiche Leiden und wurden gleich behandelt. Der einzige Unterschied bestand darin, dass für die Hälfte dieser Patienten gebetet wurde und für die andere Hälfte nicht. Die Patienten wussten dabei allerdings nicht, dass für sie gebetet wurde. Laut den Studienergebnissen lag die Heilungsrate bei der Gruppe, für die gebetet wurde, viel höher als bei der Kontrollgruppe. Aus meiner Erfahrung kann auch ich bestätigen, dass Gebete eine wunderbare Wirkung auf die Seele und den Körper des Menschen haben.

Eine Bemerkung vorab:
Überlegen Sie sich, ob Ihr Begehren rein ist. Sie müssen wirklich sicher sein, dass Sie die Erfüllung dieses Wunsches wirklich wollen. Ihre Wünsche dürfen zudem niemandem Nachteile oder Schaden bringen. Bedenken Sie immer, dass Sie keine Gefühle erzwingen können.

Wenn Sie dem Universum vertrauen, wird Ihr Gebet wirken. Wenden Sie Gebete nie gegen Personen an. Arbeiten Sie stattdessen mit viele Liebe, und verwenden Sie nie Hassgefühle, denn dies richtet mehr Schaden an, als es Freude bringt.

Gebetsbeispiele

*

Schutzschild

"Schutzschild" ist ein universelles Gebet gegen alles Negative. Ein solcher Schutz wird in Sibirien für jeden Menschen aufgestellt. Das Gebet hat eine unglaublich starke Wirkung.

Utensilien:
- 7 Kerzen am 1. Tag, dann täglich 1 Kerze
- 1 Ikone oder das Bild von einem Heiligen
- 1 Glas Wasser (wird nach dem Gebet getrunken)
- 1 Edelstein/Trommelstein
- schwarzer Stoff

Das Gebet wird 10 Tage lang gelesen.

Alle Utensilien werden auf einen Tisch gelegt. Zünden Sie die Kerzen an. Den schwarzen Stoff legen Sie auf den Boden vor den Tisch. Knien Sie sich dann auf den Stoff, beugen Sie sich 8-mal zum Tisch vor, und lesen Sie das Gebet.

1. "Lieber Gott und deine Kräfte kommt zu mir, helft mir einen Schutzschild zu erstellen, um mich (sagen Sie hier Ihren Namen), meine Familie und Freunde zu beschützen (Namen der Familienmitglieder sagen)."

2. 4-mal das "Vaterunser" lesen.

3. Lesen Sie dann 4-mal hintereinander den folgenden Text:

"Himmlische Kräfte, helft mir. So wie die Zunge hinter den weißen Zähnen, hinter den roten Lippen verborgen ist, so verstecke, beschütze und verberge auch ich (sagen Sie hier Ihren Namen) meine Gesundheit und mein Glück sowie die Gesundheit und das Glück meiner Mitmenschen (hier die Namen der Familienmitglieder oder der Menschen, die Sie mitschützen wollen, sagen). Hinter einem geheimen Spruch, hinter diesen geheimen Worten wird uns niemand angreifen, vergucken, belasten können, kein junger und kein alter Mensch, keine schönen Menschen und keine hässlichen, keine Nachbarin und kein Nachbar, keine Spirituellen und keine Laien. Links von uns, rechts von uns, vor und hinter uns, von oben und von unten steht unsere Behütung und unser Schutz. Niemand wird unser Kreuz tragen, niemand wird unser Leben beeinflussen, niemand nimmt uns Unseres weg. Das Schutzschild steht um uns herum.

4. Amen, amen, amen."

Nachdem die Kerzen abgebrannt sind, lesen Sie bitte noch einmal das Gebet "Vaterunser".

Das Wasser aus dem Glas sollte nüchtern in der Früh an allen 10 Tagen getrunken werden.

Ab dem 11. Tag tragen Sie den Stein immer mit sich. Wenn Sie für mehrere Personen den Schutz erbeten haben, sollten Sie mehrere Steine beim Beten verwenden, so dass jeder Geschützte einen Stein erhält.

*

Gebet gegen Krankheiten und gegen den bösen Blick

Utensilien:
- 7 Kerzen am 1. Tag, dann täglich 1 Kerze
- 1 Ikone oder das Bild von einem Heiligen
- 1 Glas Wasser (wird nach dem Gebet getrunken)
- schwarzer Stoff
- 1 Kreuz
- 1 Brot

Lesen Sie das Gebet 10 Tage lang.

1. "Gottes Kräfte, befreit mich (hier sagen Sie den eigenen Namen) von allen bösen Energien."

2. 4-mal das "Vaterunser" lesen.

3. "Der Teufel hat mich beschädigt, Gott hat mich ausgebessert und gereinigt. Brot werde ich essen, Schmerzen werden dadurch verbrannt. Ich hole mir meine Gesundheit zurück.

4. Amen, amen, amen."

Essen Sie nach dem Beten das Brot. Danach lesen Sie 8-mal das Gebet "Vaterunser".

Schutz für sich selbst vor Unfällen

Utensilien:

• Keine

Jeden Abend vor dem Schlafengehen lesen.

"Gott hat mich auf die Erde geschickt, hat mich bedeckt mit einer Kupferschüssel. Er hat mich umhüllt und mit 39 Schlössern verschlossen. Die Schlüssel hat er der Mutter Gottes gegeben. Gott, beschütze mich.

Amen, amen, amen."

*

Seelische Reinigung, wenn man am oder im Körper etwas Böses hat

Utensilien:

• 3 verschiedene Äpfel

• 3 Kerzen

• 1 Ikone oder das Bild von einem Heiligen

• schwarzer Stoff

Das Gebet wird 1 Tag lang gelesen.

Die Äpfel werden am Körper gerollt und nach dem Gebet verbrannt. Das Gebet wird direkt zu den Äpfeln während des Rollens gelesen.

1. "Lieber Gott, hilf und verzeihe mir."

2. 4-mal das "Vaterunser" lesen.

3. "Durch einen Apfel hat die Schlange Eva in die falsche Richtung gebracht, durch einen Apfel hat der Mensch die Sünde kennen gelernt. Durch den Apfel hat der Mensch das Paradies verloren. Die Äpfel halte

ich in der Hand, damit nehme ich Negatives aus dem Körper, aus der Seele heraus. Nimm alle negativen und fremden Gedanken und den Hass weg, jeglichen Hass.

Den Apfel habe ich am Leib gerollt, alles Negative habe ich von mir (den eigenen Namen sagen) weggebracht.

4. Amen, amen, amen."

*

Freundschaftsgebet

Utensilien:
- 7 Kerzen
- 1 Ikone oder das Bild von einem Heiligen
- 1 Glas Wasser (wird nach dem Gebet getrunken)
- schwarzer Stoff

Für ein einfaches Freundschaftsgebet genügen bereits 7 weiße eingeölte Kerzen. Nachdem die Kerzen eingerieben sind (3 x aufwärts, 3 x abwärts) fangen Sie mit dem Lesen an. Schreiben Sie nun Ihren Wunsch nach der o. g. Gebetsformel auf.

1. "Lieber Gott, hilf mir (sagen Sie an dieser Stelle Ihren Namen) die Freundschaft zu ... (an der Stelle sagen Sie den Namen des Freundes/der Freundin) aufzubauen."

2. Lesen Sie nun 7-mal ein Bibelgebet.

3. "So wie der Falke am Himmel fliegt und alles betrachtet, so wie er seine Kücken pflegt und diese schützt, so soll der/die (an dieser Stelle sagen Sie den Namen des Freundes/der Freundin) mich betrachten, mit mir Freundschaft schließen und mich behüten.

4. Amen, amen, amen."

Gebet gegen Ängste

Utensilien:

- 1 Kerze
- 1 Ikone oder das Bild von einem Heiligen
- 1 Schüssel Wasser zum Abwaschen
- schwarzer Stoff

Dieser Vorgang ist anzuwenden, um die Ängste die man hat, loszuwerden. Fangen Sie mit dem Gebet in der Früh an, am besten bei Sonnenaufgang. Wiederholen Sie den Vorgang auch bei Sonnenuntergang. Stellen Sie dazu 1 Kerze auf, zünden Sie diese an, und lesen Sie das untenstehende Gebet. Zum Schluss waschen Sie sich mit dem Wasser ab.

1. "Du, Mütterchen Wasser, hilf mir (an dieser Stelle sagen Sie Ihren Namen), meine Ängste zu beseitigen."

2. Hier 4-mal ein Bibelgebet lesen.

3. "So wie der Fluss die Ufer verkleinert, so wie das Wasser die Wurzeln und den Sand wäscht, so nimmt das Wasser den Frust und die Angst von mir weg. So will ich es.

4. So sei es, so sei es, so sei es."

✳

Gebet für die Liebe, die durch eine Trennung verloren gegangen ist

Utensilien:

- Körner

Gehen Sie dahin, wo irgendwelche Vögel sind (z. B. Tauben), und nehmen Sie ein paar Körner mit. Streuen Sie die Körner aus, lassen Sie die Vögel die Körner verzehren. Beim Ausstreuen des Getreides sagen Sie bitte Folgendes:

1. "Große Kräfte, helft mir, die Liebe der/des (hier sagen Sie bitte den Namen Ihres Expartners) wiederzugewinnen. Meine Wünsche sind klar und rein."

(Hier gilt: Überlegen Sie sich, ob Ihr Begehren rein ist. Sie müssen wirklich sicher sein, dass Sie die Erfüllung dieses Wunsches wirklich wollen. Ihre Wünsche dürfen zudem für niemanden Nachteile oder Schaden bringen!)

2. Für die Liebe und Partnerschaft wird ein Bibelgebet 7-mal gelesen.

3. "So wie die Tauben (nennen Sie an der Stelle die Vogelart, die Sie füttern) miteinander gurren, sich lieben, zueinander gehen, so will ich, dass (hier sagen Sie den Namen des Expartners/der Expartnerin) zu mir kommt, bei mir bleibt, mich liebt und anspricht.

4. So sind meine Worte, so will ich es. Amen, amen, amen."

✳

Trennung von einer ungeliebten Person

Utensilien:
• täglich 3 Kerzen

Lesen Sie das Gebet 3 Tage lang:

"Teufel geht am Wasser, Wolf geht am Berg, beide kommen nie auf die Wege des anderen, sie reden nicht miteinander, sie verstehen einander nicht, sie kommunizieren nicht und können einander nicht sehen, keine Kinder zeugen und darüber diskutieren. So auch der und die ... (hier konkret den/die Personen benennen); sie reden nicht miteinander, sie verstehen nicht einander, sie kommunizieren nicht und können einander nicht sehen, keine Kinder zeugen und darüber diskutieren. So sei es."

✳

Gegen den bösen Blick und schwarze Magie

Utensilien:

• Keine

Gehen Sie zu einer Hochzeit oder in die Kirche zu einer Trauung und lesen Sie: "Ihr, Jesus Christus, Mutter Gottes und die gesamte Himmelskraft, wendet negative Einflüsse und Belastungen von mir ab, schickt sie zurück."

Schauen Sie eine Ikone an, und sagen Sie weiter: "Meine Zeit soll gesund sein und ihre Zeit soll nichts Negatives kennen. Amen, amen, amen."

✳

Zum Schutz Ihres Hauses

Utensilien:

• 7 Kerzen

• 1 Ikone oder das Bild von einem Heiligen

• 1 Glas Wasser (wird nach dem Gebet getrunken)

• schwarzer Stoff

Finden Sie ein ruhiges Plätzchen in Ihrem Haus. Zünden Sie die 7 geweihten, weißen Kerzen an. Knien Sie sich auf den schwarzen Stoff, und lesen Sie den folgenden Text.

1. "Kräfte des Windes, des Wassers, des Feuers und der Luft helft mir (an dieser Stelle nennen Sie bitte Ihren Namen) mein Haus vor allen bösen Kräften und Gestalten zu schützen."

2. Ein Bibelgebet 4-mal lesen.

3. "Bespreche ich (an dieser Stelle nennen Sie bitte Ihren Namen) Glück in meinem Haus. Sie, die Teufel, gehen nicht in dieses Haus, schicken keine Krankheit und Unruhe, werfen nicht ihre Teufelsnetze aufs Haus von Gottes Tochter/Gottes Sohnes (an dieser Stelle nennen Sie bitte

erneut Ihren Namen). Von Osten nach Westen, von Süden nach Norden, auf alle vier Seiten meiner Arbeit. So wie ich es hier sage, so befehle ich Menschen, Honig zu essen und keine Tränen zu verlieren.

4. Amen, amen, amen."

Die obige Passage ist, zugegeben, sehr schwierig. Da es sich jedoch um eine überlieferte Formel handelt, sprechen Sie sie wie abgedruckt nach.

Wiederholen Sie das Gebet 10 Tage lang.

✳

Heilgebet

Utensilien:

- 1 Kerze jeden Tag
- 3 Ikonen oder Bilder von verschiedenen Heiligen oder Engeln
- 1 Glas Wasser (wird nach dem Gebet getrunken)
- schwarzer Stoff

Dieses Gebet können Sie für jede Heilung einsetzen. Man liest das Gebet 10 Tage lang. Vor dem Gebet sollte man mindestens drei Stunden nichts essen.

1. "Lieber Gott, hilf mir (an der Stelle nennen Sie Ihren Namen) meine (z. B. Angst oder Krankheit) loszuwerden."

2. Ein Bibelgebet 4-mal lesen.

3. "So wie ein Falke am Himmel fliegt und alles betrachtet, so wie er zu einem Feld fliegt und eine Maus findet, so wie er diese Maus fängt und mit dieser zurück hinter die Berge fliegt, sie versteckt und vernichtet, so soll der starke Falke meine Krankheit finden, greifen, wegbringen und vernichten. Komm, starker Falke, nimm meine Leiden mit und verstecke diese hinter einem hohen Berg.

4. Amen, amen, amen."

Gebet auf Kerzenwachs zur Reinigung der Seele

Utensilien:

- 1 Kerze
- 3 Ikonen oder Bilder von verschiedenen Heiligen oder Engeln
- 1 Glas Wasser (wird nach dem Gebet getrunken)
- schwarzer Stoff
- Kreuz

Man spricht das Gebet nur an einem Tag. Es wird zu einer brennenden weißen Kerze gesprochen. Wenn Sie mit dem Beten fertig sind, lassen Sie bitte die Kerze abbrennen, nehmen etwas Kerzenwachs, machen eine kleine Kugel daraus und kleben diese an ein Kreuz.

1. "Du gebende Kraft, verschließe mich (hier sagen Sie den eigenen Namen) vor allem Bösen, reinige mich und gib mir Schutz."

2. Ein Bibelgebet 4-mal lesen.

3. "Siege, du (hier sagen Sie den eigenen Namen) mit dem Kreuz, die Leben gebende Kraft, von vorn und von hinten. Kreuz an mir (hier sagen Sie den eigenen Namen noch einmal), Kreuz vor mir, Kreuz hinter mir. Geht ihr, Frust, Böses und Unreines von mir weg. Christus und seine Kraft stehen mir bei und die Kraft des Himmels auch: Michael, Uriel, Raffael, Gottes Kraft.

4. Amen, amen, amen."

✳

Gegen feindliche Personen

Utensilien:

- 12 Kerzen
- 3 Ikonen oder Bilder von verschiedenen Heiligen oder Engeln
- 1 Glas Wasser (wird nach dem Gebet getrunken)
- schwarzer Stoff

Auch hier gilt: Überlegen Sie sich, ob Ihr Begehren rein ist. Sie müssen wirklich sicher sein, dass Sie die Erfüllung dieses Wunsches wirklich wollen. Und: Ihre Wünsche dürfen niemandem Nachteile oder Schaden bringen.

1. "Engelkräfte der Welt und des Kosmos', behütet mich (hier den eigenen Namen sprechen) vor den bösen Personen."

2. Lesen Sie 5-mal ein Bibelgebet.

3. "So wie Mutter Wolga fließt, so wie Sand mit dem Sand gerieben wird, so wie Büsche mit Büschen sich verbinden, so soll die Feindin/der Feind sich mit mir nicht verbinden, nicht mit dem Körper, nicht mit der Seele. So wie in einer dunklen Kapelle keine Sonne herrscht, so soll die Feindin/der Feind mich nicht bemerken. Gib mir Frieden und Ruhe, lass mich in Ruhe.

4. Mein Wort hat Gültigkeit." (3-mal wiederholen).

✳

Um eine Liebe anzuziehen

Utensilien:
- 1 Birkenzweig

Auch hier gilt: Überlegen Sie sich, ob Ihr Begehren rein ist.

Bei diesem Gebet werden keine weiteren Utensilien benötigt. Man liest dieses Gebet 3 Tage um Mitternacht. Den Birkenzweig legt man unter die Türmatte vor der eigenen Wohnungstür und lässt ihn dort 3 Tage lang liegen.

1. "Wie dieser Birkenzweig trocknet, so soll mein lieber Freund/liebe Freundin (hier den Namen der Person sagen) sich nach mir verzehren, mich wünschen.

2. Amen, amen, amen."

Kochen Sie den Birkenzweig nach 3 Tagen 10 Minuten lang in Wasser, und werfen Sie ihn dann in einen Bach. Füllen Sie das Kochwasser in eine kleine Flasche, und bewahren Sie diese in der Wohnung auf.

∗ ∗ ∗ ✳ ∗ ∗ ∗

Die wichtigsten Gebete für jeden Tag

Das Lesen dieser Gebete hilft Ihnen, das freie Beten zu üben.

Vaterunser

Im Namen des Vaters
und des Sohnes
und des Heiligen Geistes. Amen.

Ehre sei dem Vater
und dem Sohn und dem Heiligen Geist,
wie im Anfang, so auch jetzt und alle Zeit
und in Ewigkeit. Amen.

Vater unser im Himmel,
Geheiligt werde dein Name.
Dein Reich komme.
Dein Wille geschehe, wie im Himmel so auf Erden.
Unser tägliches Brot gib uns heute.
Und vergib uns unsere Schuld,
wie auch wir vergeben unsern Schuldigern.
Und führe uns nicht in Versuchung,
sondern erlöse uns von dem Bösen.

Denn dein ist das Reich und die Kraft
und die Herrlichkeit in Ewigkeit. Amen.

O Maria

Gegrüßet seist du, Maria,
voll der Gnade, der Herr ist mit dir.
Du bist gebenedeit unter den Frauen
und gebenedeit ist die Frucht deines Leibes, Jesus.

Heilige Maria, Mutter Gottes, bitte für uns
jetzt und in der Stunde unseres Todes. Amen.

Die Nacht vergeht, der neue Tag beginnt:

Zum Öffnen der Sinne können Sie ein Morgengebet lesen. Das tägliche Brot hat auch mit Gottes Segen zu tun. Sich dessen dankend bewusst zu bleiben, ist der Sinn des Tischgebetes. Und schließlich können Sie abends, wenn ein Tag zu Ende geht und die Nacht beginnt, ein Abendgebet lesen.

Morgengebet

Gott, dieser Tag
und was er bringen mag,
sei mir aus deiner Hand gegeben:
Du bist der Weg, die Wahrheit
und das Leben.
Du bist der Weg:
Ich will ihn gehen.
Du bist die Wahrheit:
Ich will sie sehen.
Amen.   (H. Halbfas)

Tischgebet

O Gott, von dem wir alles haben,
wir danken dir für diese Gaben.
Du speisest uns, weil du uns liebst.
O segne auch, was du uns gibst. Amen.

(Gotteslob Nr. 16/8)

Abendgebet

Es segne und behüte mich der allmächtige und barmherzige Gott, der Vater, der Sohn und der Heilige Geist.   (Gotteslob Nr. 18)

Wir bitten dich, gütiger Vater, schenke uns in dieser Nacht das Licht deiner Gegenwart; lass uns, deine Diener, in Frieden schlafen und wecke uns morgens in deinem Namen, damit wir gesund und froh einen neuen, von deinem Licht erfüllten Tag beginnen: durch Christus, unsern Herrn, Amen.   (Gotteslob Nr. 700,3)

In Nöten und Sorgen sollten Sie folgendes Gebet lesen:

Gott, du hast mich beim Namen gerufen.
Von Ewigkeit her liebst du mich.
Sei mir nahe in meiner Not.
Erweise dich in deiner Macht, und nimm von mir
alle Angst und Ungewissheit.
Schenke mir Vertrauen in die Menschen,
denen du mich anvertraut hast,
und führe alles zu einem guten Ende.   (P. Dominicus Conrad)

Bei Krankheit können Sie für sich selbst ein Gebet sprechen:

Herr, immer wieder frage ich: Warum?
Warum gerade ich?
Warum geht es Menschen, die nicht nach dir fragen, so gut?
Womit habe ich das verdient?
Ich bin doch auch nicht schlechter als andere.
Herr, hilf mir, dass sich meine Gedanken nicht wund reiben,
wenn die Fragen ohne Antwort bleiben.
Herr, vieles, was mein bisheriges Leben bestimmt,
hat durch die Krankheit seine Wichtigkeit verloren:
Hilf mir zu erkennen, was Bestand hat vor dir.

Ich will die Krankheit nicht als Strafe und Gericht ansehen, sondern als Herausforderung zum Wachsen und Reifen.

Beten ist ein ganz persönlicher Weg. Es gibt natürlich viele Arten des Betens, aber versuchen Sie, Ihren Weg zu entdecken. Ich hoffe, dass mein Buch Sie dazu bewegen wird. Finden Sie den Mut, Ihren Weg zu gehen. Glauben Sie einfach daran, dass Gott oder der Kosmos und die Engel Ihnen sehr nah sind und Sie so annehmen, wie Sie sind.

Es kann passieren, dass Stress oder Überforderung das Beten erschweren. Es ist deshalb wichtig, dass Sie sich auf das Beten vorbereiten. Entspannen Sie sich, werden Sie ruhig, sammeln Sie sich, und öffnen Sie sich. Wie jede wertvolle Beziehung braucht auch das Beten regelmäßig ausreichend Zeit und einen ruhigen Ort. Beten gehört zur Lebenskunst.

Vergessen Sie nicht: Echtes Beten kommt aus der Seele und aus dem Herzen. Deshalb darf das Beten nie oberflächlich sein. Ich wünsche Ihnen viel Erfolg dabei.

Kundenbrief

"Hallo Vadim,

mein Name ist Birgit und ich habe vor einiger Zeit mit dir telefoniert. Du hast mir gesagt, dass meine Tochter seit früher Kindheit ein Trauma hat und deshalb blockiert ist. Ich habe die Zehn-Tages-Zeremonie mit den Kerzen, dem Beten etc. durchgeführt, wie du mir geraten hast. Das Ganze habe ich ohne das Wissen meiner Tochter getan, weil sie sechshundert Kilometer von mir entfernt wohnt, und ich denke ohnehin, dass sie mich belächelt hätte. Ein klein wenig seltsam bin ich mir allerdings selbst auch vorgekommen ...

Aber eigentlich will ich dir nur kurz berichten, was danach Seltsames passiert ist. Zwei Tage nach meiner Andacht rief meine Tochter an und schilderte mir, dass sich die schwierige Situation in ihrer Firma plötzlich total gedreht hätte und ihr Chef das Gespräch mit ihr gesucht hätte, um ihr mitzuteilen, dass sie keine schnellen Schritte (sie hatte überlegt, ob sie kündigen soll, weil die Kollegin, die sie einarbeiten sollte, sie mobbt) unternehmen soll, weil er sie in der Firma haben möchte. Sie verstand die Welt nicht mehr. Seither verläuft alles sehr positiv bei ihr.

Was ich aber eigentlich wissen möchte: Kann es sein, dass sich meine Augen verbessert haben durch das Beten? Ganz plötzlich kann ich wieder Bücher und Zeitungen ohne Brille lesen, und auch beim Einkaufen brauche ich keine Lesebrille mehr.

Ich möchte mich an dieser Stelle noch für das aufschlussreiche Gespräch mir dir bedanken und werde dich bald wieder anrufen.

Viele liebe Grüße.

Birgit"

Kapitel 3

Geistheilung

$* * * ❊ * * *$

Eine Einführung in die Geistheilung

Das Wort "Geistheilung" haben Sie bestimmt in der letzten Zeit oft gehört. Doch was bedeutet es? Ist es Heilung durch Geister? – Nein. Geistheilung geschieht durch den eigenen Geist, durch Ihre Gedanken und durch die Vorstellungskraft. Geistheilung basiert, wie viele alternative Methoden, auf dem Prinzip der universellen Lebensenergie, die alles am Leben erhält. Ohne diese Energie ist kein Leben möglich. Der Heiler ist dabei ein Medium, ein Vermittler zwischen einer höheren Kraft und dem leidenden Menschen. Gottes Kraft oder die Kraft aus dem Universum, jeder nenne es wie er mag, wird auf den kranken Menschen gelenkt.

In der Presse tauchen immer wieder Berichte auf über Wunderheiler, die viele unheilbare Erkrankungen schnell ganz einfach "weggezaubert" hätten. Wenn man aber ganz ehrlich ist, kann man das doch nicht glauben ... Es ist vielmehr so: Energieheilung, oder auch Geistheilung, bewirkt zwar sehr viel im Körper eines Patienten. Sie kann aber nur die eigenen Körperkräfte sowie die körpereigene Abwehr aktivieren, was jedoch langsam vor sich geht. Es ist mir durchaus möglich, in mehreren Sitzungen die Erkrankung durch Handauflegen oder durch das Aufsagen von Gebeten zu lindern und abzubremsen, doch zum Heilen braucht man viel Zeit.
Wie Sie wissen, haben viele Krankheiten auch mit unserem Karma zu tun. Durch Krankheiten sollten wir etwas lernen und in vielen Fällen sogar einige Sachen hinter uns lassen, oder besser gesagt loslassen. Deshalb ist es sehr wichtig, die Ursache unseres Leidens zu finden. Denn kennen wir die Ursache, geht die Heilung schnell voran. In solchen Fällen hilft die Geistheilung schnell und bringt gute Früchte. Sind wir dagegen nicht in der Lage, den Gedanken an diese Form der Hilfe zu akzeptieren, wird kaum etwas geschehen. Bei einer Behandlung durch einen Geistheiler handelt es sich nicht um eine medizinische Behandlung. Man arbeitet hier mit Energien, nicht mit Tabletten. Man behandelt den Menschen ganzheitlich und stellt nie eine Diagnose. Ein Geistheiler geht auf die Wurzel des Problems, auf die Ursache ein, die er spürt. Es werden hier

also keine Krankheiten behandelt, sondern die Menschen und deren Energiebahnen.

Also, wer gesund sein will und die Ursache für die Erkrankung erkennt, wobei es keine Rolle spielt, ob man diese selbst oder durch einen Therapeuten oder Kartenleger herausgefunden hat, sollte es mit der Geistheilung versuchen. Sehr oft sind es die aussichtslosen Fälle, bei denen Ärzte mit dem Kopf schütteln und sagen: "Wir können nichts mehr für Sie tun, sorry", bei denen die Geistheilung wunderbare Erfolge erzielen kann.

Welche Leiden können nun durch geistiges Heilen behandelt werden, und hat Geistheilung mit dem Glauben zu tun? – Diese Fragen sind die wichtigsten überhaupt. Die Geistheilung kann grundsätzlich, aus der Erfahrung heraus, bei jeder Krankheit als eine unterstützende Methode eingesetzt werden, und zwar bei Mensch und Tier. Es gibt keine Leiden, bei denen Geistheilung nicht angebracht ist, auch wenn es sich um schleichende böse Krankheiten handelt.

Was aber jedem klar werden soll, ist, dass die Geistheilung nicht alle Menschen ansprechen kann, denn es gibt Patienten, die sie ablehnen – und dadurch wird die Wirkung quasi aufgehoben. Genauso gibt es auch Erkrankungen, die selten auf geistige Hilfe ansprechen. Dies sind jene Erkrankungen, die mit einer Zerstörung von Organen einhergehen, z. B. eine Niere ist geschrumpft und total zerstört, oder ein Finger ist schwarz und hat keine Durchblutung mehr, eitert und muss amputiert werden ... Hier kann die geistige Heilung nicht mehr helfen. Eine Heilung ist auch in akuten Fällen, also bei Unfällen und Beschwerden mit unklarer Ursache, nicht möglich. Hier muss der Patient natürlich zu einem Arzt. Heiler sind auch nur Menschen, denen Grenzen gesetzt sind. Doch einen Versuch ist es trotzdem allemal wert, denn zumindest die Schmerzen des Patienten können erträglicher gemacht werden.

Ansonsten sprechen Menschen jeden Alters auf die geistige Heilung an, besonders Kinder und Jugendliche. Aus Erfahrung weiß ich, dass sogar bei Säuglingen die Geistheilung gut anspricht. Auch wenn viele sagen, dass man an eine geistige Heilung glauben muss, denke ich, dass diese Heilform mit dem Glauben nichts zu tun hat. Gerade bei Tieren zeigt sich, dass das Argument "Glaube versetzt Berge" hier nicht stimmt, denn Tiere glauben nämlich nicht an die Geistheilung ... - Ein Heiler muss jedoch an seine Fähigkeiten glauben, ansonsten kann er sich selbst durch Zweifel blockieren.

Folgende Erkrankungen können sehr gut mit Hilfe der Geistheilung behandelt werden:
- Asthma
- Allergien
- Neurodermitis und andere Hauterkrankungen
- rheumatische Erkrankungen
- verschiedene Knochenerkrankungen
- Zahnprobleme
- Warzen
- Wunden (Blutstillen)
- allgemeine Schwäche
- chronische Leiden
- Migräne
- Lungen- und Darmkrebs, andere böse Erkrankungen
- Epilepsie
- Herzrhythmusstörungen
und viele andere Krankheiten ...

Viele todkranke Patienten setzen ihre letzte Hoffnung in die geistige Heilung – und sie haben Recht damit. Wenn nach einigen Behandlungen die Schmerzen zurückgehen oder wenigstens besser ertragen werden, oder wenn Wunden schneller heilen, dann sollte auch ein Skeptiker überlegen, ob eine Geistheilung nicht doch Sinn macht. Bei jeder Erkrankung kann demnach zusätzlich "geistiges Heilen" eingesetzt werden. Denn hier geht es ja nicht um eine medizinische Behandlung, sondern um eine Anregung der Selbstheilungskraft des Körpers.

✳

Woran erkennt man seriöse Heiler?

Jedem muss klar sein: Die Behandlung durch einen Heiler kann keinen Gang zum Arzt ersetzen! Deshalb wird ein seriöser Geistheiler jedem

Patienten raten, zuerst einen Arzt aufzusuchen oder fragen, ob er schon bei einem Arzt gewesen ist. Kein seriöser Heiler wird einen Patienten vom Arztbesuch abhalten, merken Sie sich das!

Die folgenden Kriterien sollte ein seriöser Geistheiler ebenso erfüllen:

1. Ein Heiler wird einen Patienten nie dazu bewegen, eine ärztliche Therapie abzubrechen.

2. Ein seriöser Heiler verlangt nie ein Honorar im Voraus für mehrere Sitzungen. Wenn ein Heiler dazu drängt, lassen Sie lieber die Finger davon.

3. Der Preis für eine Sitzung muss angemessen sein.

4. Kein seriös arbeitender Heiler wird verlangen, dass Sie sich zur Behandlung bei ihm ausziehen müssen. Er stellt keine Diagnosen, sondern arbeitet mit einer Energieform. Dazu muss er Sie nicht nackt sehen. (Allerdings kann es passieren, dass Sie von einem Heiler gebeten werden, ein Kleidungsstück aus Kunststoff auszuziehen, weil durch diesen Stoff der Energiefluss behindert ist.)

5. Ein seriöser Heiler wird Ihnen nie versprechen, Sie zu heilen. Solch eine Garantie kann nicht einmal ein Arzt geben. Ein Heiler kann eine Besserung bewirken, aber eine Garantie auf Heilung gibt es nicht.

Heilung ist möglich

Man kann eine Person oder auch sich selbst heilen. Dies bedarf keiner großen besonderen Begabung. Jeder Mensch hat ein gewisses Energiepotenzial in sich und in seinen Händen - einige mehr, die anderen weniger.

Um heilen zu können sollten Sie Folgendes beachten:

"Heilung ist eine Kunst,
ein Gebet,
Liebe.
Heilung ist die Hingabe
des Heilers und des Patienten
an den Willen Gottes."

(unbekannter Verfasser)

- Liebe zu Menschen und zu sich selbst ist ein Teil der Heilung.
- Sie müssen Geduld haben, weil eine Heilung fast nie von heute auf morgen passiert.
- Um zu üben, mit Energien umgehen zu können, sollten Sie zuerst REIKI kennen lernen. Reiki wird meistens in drei Graden gelehrt und weitergegeben: Der 1. Grad befähigt dazu, die Lebenskraft durch die Hände zu übertragen. Der 2. Grad befähigt dazu, die Energie über eine Entfernung hinweg zu übertragen (Energie-Fernübertragung oder Fernreiki genannt). Der 3. Grad schließlich befähigt dazu, andere in die Lehre einzuweihen.
- Und schließlich brauchen Sie einfach Zeit.

✳

Ausführung

- Handauflegen auf verschiedene Körperstellen, um Energien zu ertasten
- Handauflegen mit beiden Händen einander gegenüber zur Unterstützung der Heilvorgänge
- starke Konzentration auf die eigenen Hände
- Energiefluss aus einer Hand in die andere strömen lassen
- Vorstellung, dass ein Organ oder ein Körperteil gesund wird durch das gedankliche Verändern der Farbe des Organs
- Worte in Form von Gebeten als Schwingung anwenden
- Energie aus dem Kosmos in das kranke Organ oder den kranken Körperteil weiterleiten

Alle oben genannte Punkte wende ich in einer Sitzung an.

Wie lange eine Sitzung dauert, ist je nach Heiler/in verschieden. Manche benötigen nur 10 Minuten, andere brauchen fast eine halbe Stunde.

Egal, welche Form der Heilung durchgeführt wird, es sollte unbedingt eine Sympathie bestehen zwischen dem Patienten und dem Heiler. Man sollte sich deshalb immer eine Heilerin/einen Heiler suchen, zu der/dem man einen guten Draht hat. Während der Heilung muss man sich wohl fühlen, denn dann wird sie erfolgreicher sein.

Zu Punkt 1: Handauflegen auf verschiedene Körperstellen

Man legt für ein paar Minuten seine Hände auf verschiedene Stellen des Körpers. Sie müssen selbst entscheiden, ob Sie den Körper berühren oder nicht; man kann die Hände auch nur auf dem Kopf des Patienten ruhen lassen. Führen Sie Ihre Hände entlang der Energiebahnen am Rücken von oben nach unten. Üben Sie aber keinen Druck aus.
Diese Vorbereitung bewirkt die komplette Entspannung der Muskulatur und bringt im Rücken des Patienten Energien zum fließen.

Zu Punkt 2: Handauflegen mit beiden Hände einander gegenüber zur Unterstützung der Heilvorgänge

Nachdem Sie den Klienten gelockert haben, legen Sie beide Hände an seine schmerzende Körperstelle. Nehmen wir den Magen als Beispiel. Also, eine Hand wird auf die Magengegend gelegt, die andere auf die Rückenpartie gegenüber im Lendenbereich. Halten Sie beide Hände zwei bis drei Minuten in dieser Position. In dem Moment, in dem Sie beide Hände einander gegenüber halten, verspürt der Patient eine leichte Wärme oder ein Kribbeln, weil Ihre Energie übertragen wird.

Zu Punkt 3: Starke Konzentration auf die eigenen Hände

Konzentrieren Sie sich auf Ihre eigenen Hände, und versuchen Sie alle Gedanken, die Sie haben, ziehen zu lassen. Halten Sie Ihre Hände ruhig.

Zu Punkt 4: Energiefluss aus einer Hand in die andere strömen lassen

Nun machen Sie beide Augen zu, und stellen Sie sich vor, dass ein heller bläulicher Energiestrahl aus der einen Hand durch das Organ des Patienten in die andere fließt. Der Energiefluss kehrt dann in die erste Hand zurück. Diese Vorstellung sollte im Uhrzeigersinn passieren, da göttliche Energien diese Fließrichtung haben. Im Grunde genommen stellt man einen Kreislauf der Energie her, der das Organ nicht nur berührt, sondern buchstäblich durchströmt.

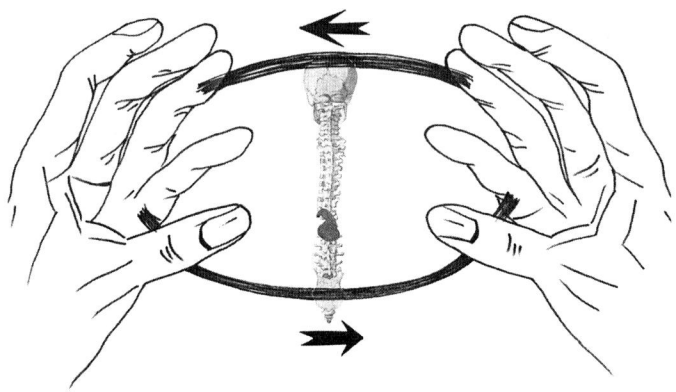

Zu Punkt 5: Visualisierung zur Gesundung eines Organs (durch das Verändern der Farbe des Organs oder eines Körperteils in unseren Gedanken)

Der nächste Schritt ist der wichtigste und hat einen direkten geistheilenden Hintergrund. Stellen Sie sich mit geschlossenen Augen das kranke Organ vor. In unserem Beispiel ist es der Magen. Da der Magen schmerzt, ist er gereizt, also sollte der kranke Magen rot sein. Stellen Sie sich also den roten Magen vor Ihrem dritten Auge vor, und versuchen Sie, diese Farbe in Ihren Gedanken heller zu machen. Indem Sie sich vorstellen, dass der Magen immer heller wird und eine rosa Farbe bekommt, bewirkt Ihre Vorstellungskraft die Heilung.

Eine andere Methode wäre, sich einen kranken Magen als "unsortiertes Puzzle" vorzustellen und zu versuchen, dieses Puzzle zusammenzubauen. Alternativ dazu wäre, sich den Magen mit einem Loch vorzustellen und dieses Loch dann zusammenzuziehen, so dass es verschwindet und nicht mehr sichtbar ist. - Ihre Fantasie spielt bei einem Heilungsvorgang demnach eine große Rolle.

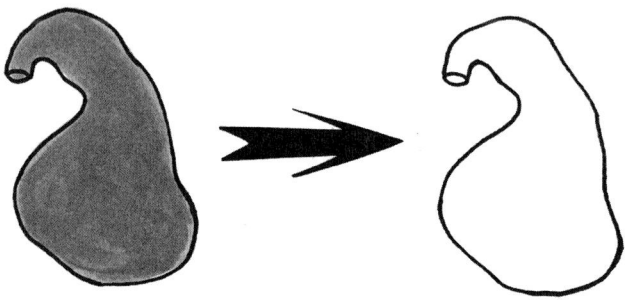

Zu Punkt 6: Das Wort in Form von Gebeten als Schwingung

Nach der Vorstellungsphase nehmen Sie Ihre Hände vom Patienten. Setzen Sie sich dem Kranken gegenüber, und sagen Sie ihm, dass er seine Augen schließen soll. Lesen Sie ein Gebet, das Sie selbst zusammengestellt haben (einige Beispiele finden Sie im ersten Kapitel dieses Buches). Das Besprechen ist eine alte Heilungsmethode. Dabei wird die erkrankte Körperpartie nicht immer mit der Hand berührt. Es geht dabei um die Schwingung des Wortes und nicht um eine Energieübertragung durch das Medium. Das Gebet oder ein Spruch wird laut oder unhörbar aufgesagt.

Zu Punkt 7: Energieweiterleitung aus dem Kosmos in das kranke Organ oder Körperteil

Zum Schluss werden wieder einmal Ihre beiden Hände in Anspruch genommen. Stellen Sie sich hinter den Patienten, und legen Sie ihm Ihre beiden Hände auf den Kopf. Stellen Sie sich dabei vor, Sie ziehen einen hellen Energiestrahl durch einen Trichter aus dem Himmel und leiten diesen drei Minuten lang in den Körper des Kranken weiter.

Man kann die Energie aus dem Kosmos bestellen (so genannte Pranaheilung) oder durch einen Engel (Engelkontakte) erfragen. Eine weitere Form der Behandlung ist die Tätigkeit eines Schamanen. Diese ist meist mit Trommeln und Trance-Zuständen oder Ähnlichem verbunden. Obwohl die durchgeführten Rituale einem anderen Kulturkreis entstammen, sind diese trotzdem auch bei uns in Europa genauso wirksam.

Körbler'sche Heilzeichen

Schon im Altertum befassten sich Menschen mit Heilzeichen. Diese wurden mit verschiedenen Farben auf die Haut gemalt, manchmal sogar eingebrannt oder tätowiert. In fast jeder Kultur gibt es "heilwirkende" und "schutzwirkende" Zeichen.

In der Presse wurde berichtet, dass auf dem Rücken von dem Mann aus dem Eis, der Ötztalmann oder auch Ötzi genannt wird, neun Striche gefunden wurden. Diese neun Striche geben Energie und Ausdauer, außerdem wärmen sie schnell und lange. Wenn Sie im Winter aus dem Haus gehen, können Sie es selbst ausprobieren; malen Sie mit einem farblosen Stift neun Striche auf den Rücken. Sie werden Wärme empfinden, und Ihnen wird nicht so kalt. Dieses Heilzeichen darf aber niemals bei Krankheit verwendet werden und dient alleine dem Schutz.

Erich Körbler, ein bekannter Wissenschaftler, hat ein System der Heilzeichen entwickelt, das heute sehr populär geworden ist. Er nannte das von ihm entwickelte System "Neue Homöopathie". Viele esoterisch und medizinisch orientierte Menschen und Heiler in der ganzen Welt arbeiten bereits an der praktischen Umsetzung seiner Erkenntnisse. Das Werk Körblers ist sehr groß, aber ich möchte hier eine ganz kurze Zusammenfassung der Heilzeichen vorstellen.

Die Methode von Körbler basiert auf der Erkenntnis, dass es in unserem Körper Schaltstellen gibt. Aus der chinesischen Medizin wissen wir, dass es Akupunkturzonen und Akupunkturpunkte gibt. Wenn Sie sich weit gehend mit Geistheilung und mit Reiki auseinander gesetzt haben, wissen Sie, dass es auch Energiefelder gibt, die Chakren genannt werden. Die Chakren sind mit den Drüsen und dem gesamten Stoffwechsel verbunden. Körbler nun hat herausgefunden, dass verschiedene Heilzeichen oder Symbole, die an der richtigen Stelle an der Haut angebracht sind, Veränderungen im Energiefluss unseres Körpers bewirken können. Jede Schmerzstelle gibt eine andere Information ab, und ein Heiler kann diese Information deuten oder mit einem Pendel oder Tensor austesten. Die Tensordrehung zeigt dabei den Grad der Störung an. Die Strahlung, die von einem Schmerzpunkt, einem gestörten Organ oder einer schmerzenden Körperzone ausgeht, kann durch ein Heilzeichen bzw. durch dessen Schwingung verändert werden – und der Körper ist schmerzfrei.

Die untenstehende Zeichnung zeigt die wichtigsten Körbler'schen Zeichen.

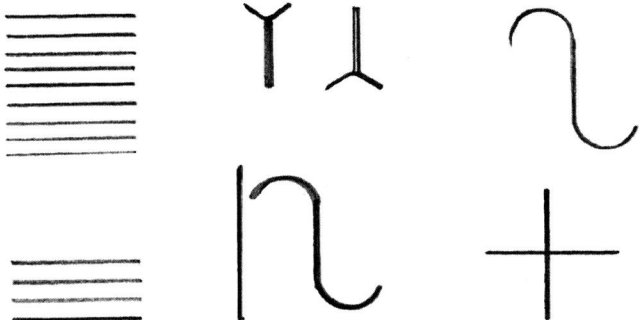

Striche:

Gerade Striche haben eine auflösende Wirkung.

Ungerade Striche haben dynamisierende Wirkung.

1 bis 8 Striche verändern die Information qualitativ.

9 Striche haben die Wirkung eines Verstärkers. 9 Striche geben zum Beispiel Kraft, Wärme und Ausdauer. Dieses Heilzeichen darf aber niemals bei Krankheit verwendet werden.

Wellenform:

5 Striche sind fast identisch mit der Sinuskurve. Doch wirkt die Sinuskurve etwas stärker und schneller; sie wird auch als stärkendes Symbol verwendet.

Y (Trichter):

Verstärkersymbol, es verstärkt alles Positive und Verträgliche.

Das Zeichen wandelt negative Information in positive um.

Es stärkt das Immunsystem und löst negative Blockaden auf.

Dieses Symbol muss immer in Flussrichtung von Venen, Arterien und Lymphen angebracht werden.

+ (Pluszeichen):

Das Pluszeichen ist ein Abschirmzeichen und verhindert jeden Energiefluss. Es wird gegen Störungen angewendet. Man kann z. B. Lebensmittel mit balkengleichen Kreuzen versehen, dann sind sie vor Störstrahlungen geschützt.

Anwendungsbeispiel: Bei einer sehr starken Erkältung werden auf die Wangen zwei nach unten zeigende, umgekehrte Y-Zeichen angebracht zur Ableitung des Schleims (in Richtung des Flusses). Zur Verstärkung der Wirkung werden zusätzlich vier horizontale Striche auf die Stirn gemalt. Gemalt wird immer mit einem farblosen Stift.

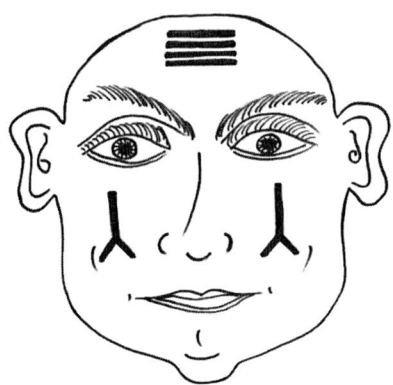

Kapitel 4

Zukunfts- und Persönlichkeitsdeutung

Seit Jahrhunderten versuchen die Menschen, aus den Tendenzen des "Heute" zu erkennen, was "morgen" kommen wird. Durch verschiedene Methoden kann man auch tatsächlich solche Einsichten gewinnen und Tendenzen der Entwicklung erkennen.

Im Folgenden möchte ich Ihnen einige der gängisten Methoden zur Zukunftsdeutung vorstellen wie das Kartenlegen, Rauchlesen, Kerzenschattenlesen, I Ging, Runen, Handlesen ...

Alte Methoden

Kartenlegen

Mittlerweile gibt es in der ganzen Welt über 500 verschiedene Kartendecks, z. B. Tarot, Lenormandkarten, Kipperkarten, russische Karten usw., die dem Anwender als Werkzeug dienen, um drängende Fragen beantworten

zu können. Das Kartenlegen funktioniert durch höchste Konzentration auf die Fragen sowie die korrekte Ausdeutung der verschiedenen Kartenzusammenhänge im Kartenbild. Was kann man tun, was ist unumgänglich und was nicht? Welche Wahl kann man treffen, welche Wahl ist möglich, oder ist eine Wahl überhaupt gegeben? Dies alles kann Ihnen ein guter Kartenleger oder eine gute Kartenlegerin erklären.

Um Karten legen zu können, muss man nicht hellsichtig sein. Man sollte aber ausgeprägte Sinne und eine gute Intuition haben. Doch jeder der sich mit Kartenlesen befasst, fragt sich, ob das Kartenbild korrekt und richtig gedeutet wurde. Eine Antwort auf diese Fragen findet man kaum in einem Buch. Man muss aus dem Kartendeck die Zusammenhänge mit dem Bauch, intuitiv erkennen. Was aber insbesondere die Frage "Zeit" angeht, sollte man für sich selbst festlegen, was für einen persönlich rechts oder links bzw. vorher und nachher im Bild bedeutet.

Man kann das Bild zudem auch diagonal lesen, wobei man auf Zusammenhänge zwischen einzelnen Karten achten muss. Ferner sollte man beachten: Auswirkungen der Vergangenheit können uns auch heute noch beeinflussen.

Als Kartenleger sollte man die Karten zunächst einweihen. Die Weihung geschieht durch ein Ritual mit einem Gebet. Ein tiefes Vertrauen in die Karten ist allerdings der wichtigste Teil der Tätigkeit. Lernen Sie zunächst, die Karten zu fühlen – erst dann sollten Sie damit beginnen, die Karten zu deuten. Fangen Sie auch besser nie mit den großen Legungen an, sondern versuchen Sie zunächst, die Karten einzeln zu deuten.

Wenn Sie die Karten das erste Mal in der Hand halten, betrachten Sie sie in Ruhe, und versuchen Sie, sie einzuordnen: Welche Karte ruft in Ihnen welche Gefühle hervor? Die beste Möglichkeit, in die Kartendeutung einzusteigen, bietet das Ziehen einer Tageskarte. Ziehen Sie immer abends eine Karte aus dem Deck und versuchen Sie herauszufinden, welche Ereignisse des vergangenen Tages in der Karte zu erkennen sind.

Ich selbst arbeite gerne mit verschiedenen Kartendecks, besonders leicht zu verstehen sind jedoch die Lenormandkarten. Ich habe diese Karten nach einem alten französischen Vorbild mit russischer Mystik verbunden und so ein eigenes Deck kreiert. Diese Kartendeck aus 36 Karten heißt "Vadims Lenormand".

Hier zunächst einige einfachere Legungen, die Ihnen helfen werden, ein Gefühl für die Karten zu bekommen:

Am Anfang empfiehlt sich die Dreier-Legung. Stellen Sie eine Frage, und ziehen Sie dann drei Karten. Die erste gezogene Karte steht dabei für die Vergangenheit, die zweite für die Gegenwart, und die dritte zeigt die Zukunft an.

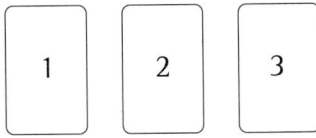

Mit etwas Übung können Sie dann auch versuchen, ein großes Bild auszulegen. Bei diesem Legesystem werden alle 36 Karten ausgelegt und deren Zusammenhänge gedeutet. Suchen Sie als erstes die Personenkarte heraus, die Sie symbolisiert – bei einer Frau ist es die Karte Dame, bei einem Mann die Karte Herr. Achten Sie nun auf die Karten, die ringsherum liegen. Das gleiche System wenden Sie auch bei den Themenkarten an. Suchen Sie z. B. die Karte für die Gesundheit (Baum), und schauen Sie sich im Kartenbild um, welche Karten hier ringsum liegen.

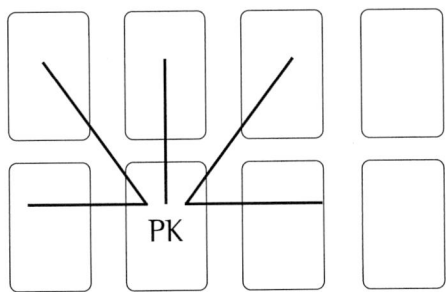

Mehr zu dem großen Blatt und zu anderen Legesystemen finden Sie in meinem Buch "Kartenlegen nach russischer Tradition", erschienen im Corona Verlag.

Vadims Lenormandkarten

Der Reiter (der Falke)

steht für: gute Nachrichten, Treffen, Kontakte, Glück. Der Reiter ist der Glücksbote. Alles, was Sie planen, nimmt ein glückliches Ende. Diese Karte zeigt neue Chancen, Beförderung, einen besseren Arbeitsplatz an.

Zeit: schon unterwegs, schnell, eilig, bald

als Person: jünger, männlich, auch: Liebhaber, Optimist

Eigenschaft: sportlich, auch geistig beweglich, dynamisch und kraftvoll

Der Reiter (der Falke) übermittelt eine Nachricht per Telefon, Brief oder SMS. Je nachdem, welche Karten in der Nähe liegen, ist es eine positive bzw. eine negative Botschaft. Liegt der Reiter neben der Personenkarte, so bedeutet dies, dass man bald einen Bekannten sieht oder etwas von ihm hört. Liegt die Personenkarte in Blickrichtung des Reiters (des Falken), bezieht sich die Nachricht auf die Zukunft; liegt sie dagegen im Rücken des Reiters (des Falken), liegt die Nachricht in der Vergangenheit. Liegt die Personenkarte über dem Reiter (dem Falken), so ist es eine sofortige Nachricht. Die Personenkarte unter dem Reiter deutet auf eine Nachricht, die nicht beachtet wurde.

Der Klee (die Hexe)

steht für: das kleine Glück und einen glücklichen Ausgang, Freude, alle Ziele werden erreicht

Zeit: kurz, 1 Woche bis max. 4 Wochen. Außerdem deutet die Karte auf eine günstige Zeit hin.

Eigenschaft: glücklich sein

Ein glücklicher Ausgang ist sicher, wenn Sie schnell handeln. Diese Karte stärkt das Positive, mindert das Negative. Im Beruflichen deutet die Karte auf eine Glücksphase hin.

Das Schiff (das Schiff)

steht für: eine große Reise, Ereignisse auf sich zukommen lassen, Entfernung, Ausland oder, mit einer Personenkarte, Ausländer

Zeit: kurz und schnell

Eigenschaft: unterwegs sein, reiselustig; man verreist gerne, wohnt nicht in der Nähe oder ist seelisch oder räumlich entfernt. In der Liebe deutet diese Karte auf einen Kontakt hin. Bei Gesundheitsfragen deutet das Schiff auf seelische Leiden oder psychosomatische Ursachen hin.

Das Schiff direkt bei der Personenkarte sagt Ihnen eine Reise voraus. Außerdem sagt diese Karte, dass eine Erbschaft auf Sie zukommen kann. Im Beruflichen deutet die Karte auf ein gutes Gelingen im Handel, gute Geschäfte und allgemein auf Unternehmungen hin. Diese Karte steht auch für eine zukünftige Selbstständigkeit.

Das Haus (die Kerzen)

steht für: das Heim, die Familie, die häusliche Umgebung, Zufriedenheit, Sicherheit, Schutz. Langfristiges Planen sichert Erfolg, auch im Privatleben.

Zeit: beständig, dauerhaft, längere Zeitspanne

als Person: ein positiver Mann, Führungspersönlichkeit; gütiger reifer Mann

Eigenschaft: häuslich, zuverlässig und stabil

Diese Karte in der Nähe der Personenkarte ist ein Hinweis darauf, dass man nach Eigentum strebt, aber auch, dass man Gemütlichkeit und die familiäre Geborgenheit schätzt.

Der Baum (die Rose)

steht für: das Leben, die Gesundheit, Kraft, Psyche. Sie steht auch für Ruhe und Beständigkeit, aber auch für Selbstzufriedenheit, Langeweile, Trägheit.

Zeit: längerer Zeitraum, etwa 1 Jahr, Frühherbst oder Abend

Eigenschaft: ruhig, beständig, langweilig

Wenn der Baum bei der Personenkarte liegt, so ist diese Person erkrankt. Der Baum kann aber auch bei einer Sachkarte liegen, z. B. Nr. 4, das Haus (die Kerzen). In diesem Fall ist das Haus sozusagen "krank" und muss eventuell saniert oder energetisch gereinigt werden. Außerdem symbolisiert der Baum den medizinischen Bereich: Arzt, Apotheker, Krankenpfleger, Heilpraktiker, Geistheiler. Es kann dauern, bis etwas erreicht wird – "Gut Ding will Weile haben". Für die Liebe: lebenslange Beziehung, dauerhafte Liebe, beständige Partnerschaft. Für den Beruf: Lebensstellung; ruhige Tätigkeit, Beamtenlaufbahn. Keine Veränderungen.

Die Wolken (die Wolken)

steht für: Unglück, Unklarheiten, Wandlungen, Schwierigkeiten, Risiko

Zeit: nicht von Dauer, die Zeit ist nicht günstig, Herbst

als Person: älterer Mann, nicht gut gesonnen, hinterhältig oder falsch, unausgeglichen

Eigenschaft: unzuverlässig, undurchsichtig oder gar böse

Gesundheit: Atemwege, Bronchien

"Die Wolken" ist eine wichtige Kombinationskarte: Die Karte neben den dunklen Wolken (rechte Seite) zeigt Bedrohung an. Die Karte neben den hellen Wolken (linke Seite) bringt Besserung. Ergreifen Sie Vorsichtsmaßnahmen, dann kann es gut ausgehen. Ernste, aber nicht unausweichliche Gefahren. Diese Karte zeigt auch Wandlungen geistiger Art. Bei Liebesfragen deutet diese Karte auf eine evtl. Trennung hin, aber alles ist noch offen. Bei Berufsfragen zeigt die Karte Angst vor neuen Aufgaben, vor Überforderung. Erfolg ist garantiert, wenn man nach vorne schaut. Ein gewisses Risiko ist allerdings dabei.

Die Schlange (die Maske)

steht für: Umwege, eine falsche weibliche Person, Lüge, Krankheit, Verführung, Verlockung, Belastung durch das Eindringen einer fremden Person

Zeit: Umwege

als Person: ältere Frau, meistens dunkelhaarig und hinterhältig. Auch die Schwiegermutter kann damit gemeint sein (obwohl natürlich nicht jede Schwiegermutter falsch ist). Wenn ein Mann eine neue Partnerin hat, dann symbolisiert diese Karte seine Noch-Ehefrau. Ist er glücklich verheiratet, dann ist es die "Verführerin".

Eigenschaft: intelligent, gerissen, schlau

Gesundheit: Gedärme

Bei der Schlange (der Maske) handelt es sich oft um eine Intrigantin, um eine falsche Freundin, voller Neid und Eifersucht. Die Karte warnt: Vorsicht vor weiblichen Personen. Sie dürfen keine vorschnellen Entschlüsse fassen. Im Beruf: Hilfe durch Kolleginnen – aber: Vorsicht ist geboten!

Der Sarg (die Puppe)

steht für: Verlust, Krankheit, Abschluss aber auch Neuanfang, Mobilität und neue Wege

Zeit: abwarten, unendlich, sehr lange

als Person: weibliche unausgeglichene Person

Eigenschaft: krank, religiös

Gesundheit: nicht gesund

Wenn es um partnerschaftliche und berufliche Fragen geht, ist es meistens eine gute Karte. Etwas neigt sich dem Ende zu. Die Karte bedeutet nie den persönlichen Tod, sondern fordert uns auf, unser Leben in die Hand zu nehmen. Beruflich deutet diese Karte auf Konkurs hin, dies ist aber eine gute karmisch bedingte Veränderung. Wir machen uns eventuell selbstständig oder bekommen endlich den Job, den wir uns schon ewig wünschen. Altes endet, und Neues beginnt. Bringen Sie eine Angelegenheit zum Abschluss, so geht es nicht weiter. Die Lage ist hoffnungslos. Mut für Neues aufbringen. Das Schicksal plant eine neue Beziehung.

Die Blumen (die Blumen)

steht für: kleine Gesellschaft, Glück, Zufriedenheit, Verlobung, Geschenk, auch Besuch und Feier

Zeit: Frühjahr

als Person: jüngere intelligente und treue Frau, meistens alleinstehend, auch Tochter, Freundin, der man vertrauen kann. Diese Frau kann verwitwet sein. Sie ist empfänglich für Schmeicheleien.

Eigenschaft: zufrieden, liebenswürdig

Gesundheit: Herpes, Akne, gutartige Tumore u. Ä.

Bei Berufsfragen deutet diese Karte auf neue Aussichten, auf Kreatives. Diese Karte deutet auch auf heilende Hände und Heilpflanzen. Zusammen mit der Karte "Wolken" deuten die Blumen auf eine Erbschaft, zusammen mit der Karte "Fische" (die Biene) deutet diese Karte auf Gewinne hin.

Die Sense (das Schicksal)

steht für:	Plötzlichkeit, reiche Ernte, aber auch Gefahr, Belastung, Verletzung, Unfall oder Verluste
Zeit:	überraschend, schnell, plötzlich, unerwartet, kann aber auch Herbst (Erntezeit) bedeuten
als Person:	jüngerer, dunkelhaariger, ungeduldiger Mann, hektisch, aggressiv
Eigenschaft:	aggressiv, verletzend, aber lukrativ
Gesundheit:	Schmerzen, Verletzung, Zähne

Bei dieser Karte ist grundsätzlich höchste Vorsicht geboten bei allem, was man unternimmt. Es droht Verletzung oder ein Unfall. Keine wichtigen Entscheidungen treffen, sondern lieber abwarten. Die Sense (das Schicksal) direkt bei der Personenkarte zeigt an, dass er oder sie oft Zahnschmerzen oder Kopfweh bekommt. Außerdem weist die Karte darauf hin, dass diese Person aggressiv ist. Bitte achten Sie darauf, ob rechts von dieser Karte die Personen- oder eine Sachkarte liegt. Denn dort lauert die Gefahr! Also Vorsicht! Liegt diese Karte mit der Liebeskarte zusammen, ist die Beziehung in Gefahr. Bei beruflichen Fragen deutet diese Karte auf einen Neustart oder auf Flucht vor einer alten Tätigkeit hin.

Die Ruten (das Feuer)

steht für: Gespräche, Streit und Veränderungen, aber auch Ärger und Sorgen. Diese Karte deutet auf Auseinandersetzungen und auf Angst hin.

Zeit: steht für die Zahl 2: 2 Tage, 2 Wochen etc.

als Person: kommunikativer Mann, unternehmungslustige Person

Eigenschaft: gesprächig, streitsüchtig, unglaubwürdig

Gesundheit: Muskulatur

Diese Karte zwischen zwei Personenkarten bedeutet die Trennung eines Paares, aber auch Diskussionen bzw. Streitgespräche, die das Paar trennen können. Es sollte Rat eingeholt werden. Wenn diese Karte direkt bei der Personenkarte steht, könnte es sich um eine Strafe für alte Verfehlungen handeln. Nicht zu leichtgläubig sein.

Die Eulen (die Torte)

steht für: Sorgen, Aufregungen, Überlegungen, Telefongespräche, Weiterbildung, Mühseligkeiten

Zeit: die Karte deutet auf die Zahl 2 hin: 2 Wochen, 2 Monate, 2 Jahre etc.

als Person: zwei ältere Menschen, Schwiegereltern oder auch zwei Damen

Eigenschaft: nervös, besorgt, aufgeregt, mühselig

Gesundheit: Nerven und Psyche

Die Eulen (die Torte) kündigen eine Kontaktaufnahme an. Direkt bei der Personenkarte gelegen bekommt die Fragestellerin oder der Fragesteller meist noch am gleichen Tag einen Anruf oder eine SMS. Je nachdem welche Karten bei dieser Karte liegen, kündigt das Freud oder Leid an. Man sollte sich auf das Wesentliche besinnen. In der Liebe deutet die Karte auf falsche Verschwiegenheit hin. Liebe wächst durch gemeinsames Leid. Bei Berufsfragen sagt die Karte, dass ein Nebenjob oder eine Fort- und Weiterbildung riskant wäre.

Das Kind

steht für:	ein Kind bis zur Pubertät, Neuanfang, Naivität
Zeit:	am Anfang, kurz, Jugend, neu
als Person:	Kind, Jugendlicher
Eigenschaft:	naiv, kindlich, unreif
Gesundheit:	Wachstum

Das Kind neben der Personenkarte deutet auf einen Neuanfang im beruflichen oder privaten Bereich hin. Die Karte zeigt unverhoffte Neuigkeiten an. Es könnte auch das eigene Kind sein. Je nachdem in welcher Kombination das Kind steht, könnte es auch das zukünftige Kind sein, bzw. eine "Geburt" steht bevor (Kind und Störche (die Veränderung)). "Das Kind" warnt aber auch davor, allzu gutgläubig und naiv zu sein. Das Vergangene sollte vergessen und ein Neuanfang gestartet werden. Die Karte "Kind" symbolisiert auch den Wunsch nach einem Kind. Wenn die Karte zur Liebesfrage gezogen wurde, deutet sie auf kurze Freude, neue Liebe, die sich erst bewähren muss, oder eine stabile Beziehung hin. Bei Berufsfragen: Neustart, Lehrjahre, Ausbildung. Die Karte sagt, es sollte vor einem Neubeginn alles sorgfältig verglichen werden. Dann bestehen gute Perspektiven. Diese Karte ist meistens positiv zu deuten.

Der Fuchs (die Katze)

steht für:	Lüge, Intrige, Gerede, Hinterhalt, Falschheit und Betrug
Zeit:	es ist noch nicht der richtige Zeitpunkt, abwarten

| als Person: | intelligente, aber arrogante, intrigante Person, Betrüger oder Betrügerin, meistens hellhaarig. Diese Person blockiert. |
| Eigenschaft: | intelligent, schlau und gerissen, pedantisch |

Jemand spielt ein falsches Spiel. Bei Liebesfragen zeigt die Karte das trügerische Glück an. Sie kann auch bedeuten, dass der Partner oder man selbst betrügt. Also: Nicht an alles glauben, was erzählt wird. Bei Berufsfragen deutet die Karte auf Intrigen, Mobbing oder gar einen falschen Beruf hin. Direkt bei einer Personenkarte deutet die Karte auf einen falschen Partner hin.

Der Bär (der Engel)

steht für:	Stärke, Gutmütigkeit, männliche oder weibliche Person, die bemuttert. Kraft, Stärke und Reife
Zeit:	sehr lange, bis zu 10 Jahre
als Person:	ältere, gutmütige Person, meistens männlich und dunkel - oder grauhaarig. Chef, Vater oder eine andere Respektsperson, meistens mit viel Erfahrung fürs Private. Er ist oft ein stämmiger Brillenträger. Er lässt sich immer Zeit. Solche Personen haben Neider, sie sind oft selbstständig und gut situiert.
Eigenschaft:	älter, beleibt, groß
Gesundheit:	Alter

Kraft, Stärke und Power – das hat der Bär (der Engel). Vertrauen, Stärke und Unbeirrbarkeit sind angebracht. Symbolisch steht der Bär (der Engel) auch für eine "Mutterfigur", die schützt und hilft, mit Größe und Stärke. Er sollte aber nicht gereizt werden. Wenn diese Karte bei Liebesfragen gezogen wird, deutet sie auf einen verlässlichen, zuverlässigen Partner hin, der in seinem Leben erfolgreich ist. Er lässt sich fast nie etwas von anderen sagen.

Die Sterne (der Stern)

steht für: Glück, Spiritualität, Klarheit, Hellsichtigkeit, mediale Veranlagung, Ehrgeiz, Ziele

Zeit: lange, nachts, kalte Jahreszeit, Nacht, Winter

Eigenschaft: klar, spirituell

Das ist eine absolute Glücks-, Erfolgs- und Geldkarte. Wenn die Sterne bei der Personenkarte liegen, ist das ein Hinweis auf Spiritualität, die genutzt werden sollte. Die Sterne bedeuten Erfolgserlebnisse, die nicht auf harter Arbeit, sondern auf glücklicher Fügung beruhen sowie auf Eingebungen durch positive Gedanken.
Für die Liebe bedeutet diese Karte tief gehende, liebevolle Beziehungen. Träume sollten gelebt werden. Beruf: medialer, künstlerischer Beruf, Astrologe, Hellseher.

Der Storch (die Veränderung)

steht für: Veränderungen positiver Natur, Wandlung, Umbruch, etwas "ausbrüten"

Zeit: Frühling oder einfach eine Veränderungszeit, Zeit der Bewegung, Umbruch, Großzügigkeit

als Person: sanfte, liebevolle Frau

Eigenschaft: veränderungswillig, flexibel, unterstützend

Gesundheit: Beine und Füße

Diese Karte bringt Bewegung und Schwung. In Kombination mit der Karte Haus (die Kerzen) steht ein Umzug bevor, mit der Berufskarte Anker (die Hand) deutet diese Karte auf Veränderung und Wechsel im Beruf, aber auch auf die Selbstständigkeit hin. Bei Liebesfragen deutet diese Karte auf einen Neuanfang hin. Möglicherweise taucht recht bald ein Traumprinz oder eine Traumprinzessin auf. Diese Karte bedeutet generell immer gutes Vorankommen bei allen Problemen. Wenn diese Karte mit der Kindkarte zusammen steht, kann auch eine Geburt angezeigt werden. Unterstützung durch eine weibliche Person kann diese Karte auch darstellen. Liegt der Storch (die Veränderung) neben einer weiblichen Personenkarte, so bedeutet das eine Schwangerschaft.

Der Hund (der Affe)

steht für: Freundschaft, Freund, Treue, Zuverlässigkeit

Zeit: dauert länger

als Person: echte, treue Freunde (männlich oder weiblich), meistens jünger und blond bis brünett

Eigenschaft: treu, freundlich, warmherzig

Gesundheit: Stimmbänder, Mund

Liegt diese Karte bei der Personenkarte, so befindet man sich in guter Gesellschaft. Mit Verrat muss man rechnen, wenn die Personenkarte nicht in der Nähe liegt. Ansonsten werden Freunde bei Problemen helfen. Keine selbstlose Freundschaft.

Der Turm (das Universum)

steht für: Isolation, Einsamkeit, Behörde, Amt, Selbstständigkeit

Zeit: deutet auf die Zahl 1 hin: 1 Woche, 1 Jahr ...

als Person: Mann in führender Position

Eigenschaft: allein oder auch egoistisch

Gesundheit: Rücken, Kreuz

Diese Karte steht für ein "großes Haus", ein Unternehmen und eine Firma. Neben der Personenkarte wird die Selbstständigkeit angezeigt.

Negativ betrachtet bedeutet diese Karte aber auch, dass die Person einsam ist. Außerdem bedeutet sie, dass man mit seinen Plänen und Mühen allein dasteht. Bei Liebesfragen: Glück im Geheimen. Bei Beruf: Versetzung auf ungeliebten Posten oder sogar Entlassung. Der Turm neben der Ring-Karte (die Krone) bedeutet Trennung oder Scheidung.

Der Park (das Auge)

steht für: Öffentlichkeit, öffentliches Gebäude, Gericht, Krankenhaus, die Gesellschaft, auch Publikum, große Veranstaltung

Zeit, Anzahl: viel Zeit, große Anzahl

als Person: viele Personen

Eigenschaft: extrovertiert, unternehmungslustig

Der Park stellt immer die Öffentlichkeit dar. Es kann sich auch um eine Gesellschaft, eine Ausstellung, ein Restaurant oder ein Einkaufszentrum handeln. Diese Karte deutet auf viele Menschen oder die Einladung zu einer großen Veranstaltung oder Versammlung hin. Für die Liebe: Hochzeit, Bindung fürs Leben, eine Verbindung wird öffentlich gemacht. Ein Zusammenhang mit der Karte "Ring" (die Krone) deutet auf eine Hochzeit hin.
Bei Berufsfragen: Berufliche Ziele werden erreicht oder sind zum Greifen nahe. Dennoch: Nichts überstürzen.

Der Berg (der Fluss)

steht für: Hindernis, Blockade, Schwierigkeiten, zeitliche Verzögerung

Zeit: Stillstand, verzögert, es geschieht nichts

als Person: dominanter, gefühlskalter Mann, unangenehmer Chef

Eigenschaft: blockiert oder gehemmt

Etwas bremst, die Realität setzt Grenzen. Diese Karte sagt, dass ein falscher Weg beschritten wird. Die Karte bedeutet eine Grenze, Hindernisse und Probleme, die jetzt klug angegangen und gelöst werden sollten. Die Erfüllung der Aufgaben fällt schwer. Eine Aufgabe wurde gestellt, aber noch nicht ausgeführt.

Der Weg (die Palmen)

steht für: Wahl, Wendepunkt ist erreicht. Neues Glück und neue Beziehungen warten; langer Weg, Scheideweg; Punkt der Entscheidung, Wendepunkt im Leben; Machtgier

Zeit: 7 Wochen, beständig, dauert etwas

als Person: gute, tatkräftige Frau, die entschlossen hilft. Sie ist erfolgreich und hat gute Verbindungen.

Eigenschaft: entscheidungsfreudig, entschlossen

Gesundheit: Gefäße

Die Wege (die Palmen) sind immer ein Zeichen dafür, dass es voran geht und dass man Entscheidungen treffen muss. Wenn diese Karte mit der Reisekarte (das Schiff) zusammenkommt, deutet dies auf eine weite Reise hin. Angebote müssen sorgfältig geprüft werden.

Die Mäuse (der Rauch)

steht für: Verlust, Sorgen, Diebstahl

Zeit: Zeitverlust, verkürzend

als Person: Dieb

Eigenschaft: unzufrieden, kummervoll

Diese Karte deutet immer auf einen Verlust hin. Direkt bei der Personenkate gelegen weisen die Mäuse auf eine Krankheit hin, die meistens seelisch bedingt ist. Diese Karte ist auch eine Warnung vor

Gefahren. Etwas könnte verloren gehen (aber auch Krankheiten oder missliche Umstände können verloren gehen). In der Liebe (mit Liebeskarten zusammen) zeigt diese Karte Intrigen an. Versprechen werden nicht gehalten. Andererseits kann die Karte sagen: Die Ziele sind zu hoch gesteckt und werden nicht erreicht. Mit der Karte "Anker"(die Hand) zeigt diese Karte den Verlust des Arbeitsplatzes an. Es gibt Neider! Nach neuen Wegen umschauen. Die zeitliche Verzögerung geht langsam zu Ende, es wird einen Neuanfang geben. Liegen die Mäuse (der Rauch) hinter einer Karte, so zeigen die vorliegenden Karten, was verloren gehen kann. Liegen die Mäuse (der Rauch) vor einer Karte, dann zeigen die dahinterliegenden Karten etwas, auf das man verzichten sollte.

Das Herz (das Herz)

steht für: Liebe, Herzlichkeit und Glück, glückliche Umstände, Beförderung

als Person: positiver junger Mann

Eigenschaft: herzlich, verliebt

Gesundheit: Herz

Das Herz zeigt eine baldige neue Liebe an. Ein Neuanfang oder sogar ein Flirt ist in Sicht. Zwischen zwei Personenkarten spricht man von der beständigen, tiefen Liebe. Glückliche Umstände. Unerwartete Hilfe. Alles geschieht nach Wunsch. Diese Karte sagt: Glück in der Liebe ist garantiert. Oder: Aus Freundschaft wird eine neue Liebe geboren.

Der Ring (die Krone)

steht für: Ehe, Verbindung, Vertrag, feste Beziehung, Erfolg, Schwierigkeiten werden überwunden

Zeit: etwa 7 Jahre, gute Zeit

als Person:	eine Person, die die Harmonie liebt; Verein
Eigenschaft:	verheiratet und harmonisch
Gesundheit:	Kreislauf und Herz

Diese Karte bringt Ordnung ins Leben. Sie deutet auch auf eine Verlobung oder eine Heirat sowie generell auf eine feste Beziehung hin. Alle Pläne können nun in die Tat umgesetzt werden. Bei Berufsfragen deutet diese Karte auf einen Arbeits- oder Geschäftsvertrag hin, Erfolg bei Geschäften oder auf eine Beförderung. Liegt diese Karte zusammen mit der Karte "Park" (das Auge), geht es um eine geschiedene Person.

Das Buch (das Geheimnis)

steht für:	Geheimnis, Weiterbildung oder Schule, Universität, das Unbewusste. Die Karte deutet auf einen durch das Karma beeinflussten Schicksalsweg hin.
Zeit:	weitere Zukunft, verzögert
als Person:	eine mysteriöse, geheimnisvolle Person, kann auch eine junge Person sein
Eigenschaft:	gebildet, klug, kurz vor der Offenbarung

Ansonsten steht das Buch (das Geheimnis) auch für Dokumente oder Papiere. Mit der Liebeskarte zusammen deutet diese Karte auf eine nicht öffentliche Liebe oder auf Geheimnisse in der Partnerschaft hin. Diese Karte ist die Karte der Veränderung und des Neuanfangs.

Der Brief (das Handy)

| steht für: | schriftliche oder telefonische Nachrichten, Mitteilungen per Brief, Telefon oder Email |
| Zeit: | sehr kurz, schnell, Vorübergehendes, nichts von Dauer, Oberflächliches, nur für kurze Zeit, ca. 7 Tage |

als Person:	Mensch mit starker Willenskraft, entscheidungsfreudige Person
Eigenschaft:	mitteilsam, kommunikativ

Bei Liebesfragen deutet diese Karte immer auf eine persönliche Nachricht, einen Liebesbrief und einen Neuanfang hin. Liegt der Brief (das Handy) bei der "Wolken"-Karte, so ist mit negativen Nachrichten zu rechnen. Liegt die "Wolken"-Karte allerdings weit weg, sind die Nachrichten positiver Natur.

Der Herr

steht für:	den Fragesteller oder den Herzensmann, der Ehemann

Bei verheirateten Frauen, die einen Geliebten haben, wird hier der Geliebte dargestellt, den Ehemann symbolisiert dann meistens "der Bär" (der Engel). Bei einer Frau, die keinen Geliebten hat, steht diese Karte aber für den Ehemann. Bei unverheirateten Frauen ist es immer der Freund, der einem zur Seite steht, oder der neue Mann, der ins Leben tritt.

Die Frau

steht für:	die weibliche Fragestellerin oder die Herzensdame, die Ehefrau

Ist der Mann verheiratet und hat eine Freundin, dann wird durch diese Karte die Freundin dargestellt. Die Ehefrau ist dann "die Schlange". Bei einem verheirateten Mann, der keine Geliebte hat, steht diese Karte aber für die Ehefrau. Ist der Mann schließlich unverheiratet, steht diese Karte für eine neue oder existierende Freundin.

Die Lilie (die Wasserlilien)

steht für: Harmonie, Stolz, Familie, Sexualität, Zuneigung muss gepflegt werden, sexuelle Erfüllung, Beziehung

Zeit: Winter oder Herbstende, harmonische Zeit

als Person: älterer, vornehmer, gütiger Mann, oft mit einer Glatze

Eigenschaft: harmonisch, freundlich und reif

Gesundheit: Hormone

Nachgeben und nicht ungeduldig auf einer Meinung beharren. Wenn die Lilie in der Nähe der Personenkarte liegt, dann hat diese Person eine Affäre. Sollte die Person noch ungebunden sein, so wird sie in Kürze eine neue Liebe kennen lernen. Zusammen mit der Berufskarte "Anker" (die Hand) deutet die Karte auf viel Erfolg im geschäftlichen Bereich hin.

Die Sonne (die Sonne)

steht für: Glück, Energie, Kraft, Wärme; die stärkste Glückskarte

Person: blonde Person mit blauen Augen, positive und zuverlässige Ausstrahlung, Optimisten, die Aufmerksamkeit und Anerkennung brauchen

Zeit: Sommer, Tag, Sonnenaufgang bis Mittag

Eigenschaft: energisch, energiegeladen, glücklich

Wünsche werden wahr. Alles läuft nach den eigenen Vorstellungen. Wunder geschehen. Mit der Sonne kommt das Glück: ein Aufschwung im Beruf und privat. Diese Karte bedeutet Beförderung und Anerkennung. Die Sonne verschafft aber auch Freiheit und Unabhängigkeit. Bei Liebesfragen bedeutet die Karte die innere Mitte, Ausgeglichen- und Zufriedenheit. Steht die Sonne zwischen den beiden Personenkarten, dann haben die beiden sich gefunden, und niemand kann das Glück zerstören.

Der Mond (der Mond)

steht für: schwankende Gefühle, Sensitivität, gereiztes Nervenkostüm, Ruhm, Anerkennung, Spiritualität

Zeit: vom Abend bis zur frühen Dämmerung

als Person: emotionale Person mit Stimmungsschwankungen, Menschen mit freundlicher Ausstrahlung

Eigenschaft: sensibel, auch depressiv, Launenhaftigkeit, Stimmungsschwankungen

Gesundheit: psychosomatisch, nervlich

Bei Liebesfragen deutet diese Karte auf eine Beziehung mit tiefen, aber schwankenden Gefühlen hin. Die Karte deutet ferner auf Rampenlicht und viel Erfolg hin. Ideen sind Gold wert. Der Mond steht auch für das seelische Wohlbefinden und für die Psyche sowie für spirituelle Fähigkeiten.

Der Schlüssel (das Radix)

steht für: Erfolg, Sicherheit, Wunscherfüllung, die Lösung des Problems

als Person: absoluter Optimist, sehr selbstbewusster Mensch

Zeit: unumgänglich, schnelle Abwicklung

Eigenschaft: zuverlässig, entschlossen, sicheres Gelingen

Pläne und Vorhaben gelingen, und es kann gar nichts schief gehen. Mit dieser Karte gelingt alles. Die Karte steht auch dafür, dass etwas Neues in Angriff genommen wird. Bei Liebesfragen deutet diese Karte auf eine stabile Beziehung und liebevolle Partner hin. Diese Karte ist der Schlüssel zu neuen Erfolgen, Möglichkeiten und Chancen. Sicherer Arbeitsplatz, gute Position, erfolgreicher Verlauf von Projekten – alles ist möglich.

Die Fische (die Biene)

steht für:	Geld, Finanzen, materielle Werte; Wasser, Alkohol, Sucht, auch Hilfestellung wird gegeben, Zahlungsmoral
als Person:	materiell orientierter Mensch, der viele Dinge gleichzeitig beginnt und die eigenen Kräfte gern überschätzt
Eigenschaft:	materiell
Gesundheit:	Blase, Nieren, Seele

Dies ist eine Glückskarte. Diese Karte bringt Geld, sie könnte aber auch einen Geschäftsmann darstellen. Steht diese Karte mit der Personenkarte zusammen, dann werden gute Geschäfte getätigt. Die Angelegenheit sollte aber genau daraufhin geprüft werden, ob die finanziellen Aspekte genügend berücksichtigt wurden. Alles Geplante ist machbar. Steht die Geldkarte zwischen beiden Personenkarten, deutet dies auf eine Geldheirat mit viel Harmonie hin.

Der Anker (die Hand)

steht für:	Beruf, Arbeit, für das Hobby, Verankerung, Hoffnung, berufliche Interessen in den Vordergrund stellen, Profit und Unterstützung
Eigenschaft:	fleißig und arbeitswillig sowie streitlustig und selbstbewusst
Gesundheit:	Hüfte, Knie und andere Gelenke

Diese Karte hat etwas Solides an sich. Sie stellt berufliche Aktivitäten dar. Wenn diese Karte zwischen den beiden Personenkarten liegt, bedeutet das den richtigen Partner oder deutet daraufhin, dass eine Person die andere halten will.

Das Kreuz (der Mensch)

steht für: Schicksal, Karma, Neuanfang und gleichzeitig auch Abschluss einer alten Sache, Prüfung, Bestimmung, Leidensweg, aber auch Krise, eventuell das Ende einer Beziehung, Konflikt

Zeit: 2 bis 3 Wochen, bis zu 6 Monaten

als Person: seriöse, disziplinierte Person, aber mit wenig Selbstbewusstsein; hält sich gern im Hintergrund

Eigenschaft: unausweichlich, karmisch bedingt, "man hat sein Kreuz zu tragen"

Gesundheit: der Rücken, die Wirbelsäule

Hier schlägt das Schicksal zu. Eine Prüfung steht bevor. Diese Karte kann in Verbindung mit negativen Karten viel Leid bedeuten, aber mit guten Karten auch viel Positives mit sich bringen. Wenn diese Karte über einer anderen Karte liegt, so ist schicksalhaft, was die unten liegende Karte symbolisiert. Mit der Geldkarte zusammen deutet diese Karte auf Finanzen hin. Man sollte genau aufpassen und auch kein Geld leihen oder verleihen.

✳

Daktilomantie und Pendel

Daktilomantie ist das Vorhersagen mittels eines Rings o. Ä. an einem Faden. Diese Methode gibt es seit dem Altertum auf der ganzen Welt, bekannter ist die Methode natürlich unter dem Namen "Pendeln".

Die Schwingungen der Person, die pendelt, und die der höheren Kraft aus dem Universum werden durch das Pendel sichtbar gemacht. Viele fragen, ob man sich auf die Antworten eines Pendels verlassen kann ... Ich denke, dass man eindeutig behaupten kann, dass das Pendel Recht hat, wenn es sich um einen erfahrenen Pendler handelt. Dann hat der Ausschlag auch nichts mit den Wünschen der pendelnden Person zu tun. Die Trefferquote beim Pendeln liegt bei rund 90 Prozent. Man braucht allerdings viel Konzentration und Geduld.

Zunächst sollten Sie für sich festlegen, welche Bewegung des Pendels für Sie "Ja" und welche "Nein" bedeutet. Denn das kann bei jedem verschieden sein.

Dazu einfach ein paar Tipps von mir, wie Sie die Bewegungen des Pendels definieren können: Nehmen Sie ein Lebensmittel guter Qualität, z. B. eine Tomate aus einem Bioladen, und eine zweite Tomate, die nicht frisch ist und verdorben aussieht. Fahren Sie mit dem Pendel über die erste Tomate, und merken Sie sich die Bewegungsrichtung. Das Gleiche machen Sie dann bei der zweiten Tomate. Merken Sie den Unterschied? Normalerweise schlägt das Pendel über der Biotomate anders als über

der ungenießbaren Tomate. Die Bewegung über der Biotomate können Sie als "Ja" werten.

Die zweite Alternative "Ja" oder "Nein" auszutesten, ist genauso leicht. Schließen Sie einfach ein Abkommen mit sich selbst, welche Bewegung des Pendels "Ja" oder "Nein" bedeutet. Dazu benötigen Sie ein Glas mit kaltem Wasser oder eine größere Schüssel. Stellen Sie sich mit dem Pendel über die Schüssel, und lassen Sie es pendeln. Wenn das Pendel nach links und rechts ausschlägt, bedeutet das für Sie beispielsweise "Nein", ein Ausschlag nach oben und unten dagegen "Ja".

Bevor Sie das Pendel zur Beantwortung Ihrer Fragen benutzen, ist es wichtig, dass Sie sich beruhigen und Ihren Kopf frei haben. Halten Sie das Pendel an der Kette oder am Faden (nicht länger als 20 cm) zwischen Daumen und Zeigefinger fest – bei Rechtshändern mit der rechten Hand, bei Linkshändern mit der linken Hand. Die Hand und der Arm bleiben dabei beweglich, der Ellenbogen darf also nicht auf dem Tisch abgestützt werden. Nun können Sie Ihre Frage stellen, während Sie das Pendel ruhig in einer Hand halten.

Sollte das Pendel stumm bleiben, fehlt es Ihnen an Konzentration oder an der Fähigkeit zu pendeln, denn nicht jeder ist dazu in der Lage. Andererseits kann ein Stillstand des Pendels auch anzeigen, dass die Frage schlecht gestellt war oder dass es keine Antwort auf die Frage gibt. Es gibt zudem auch bestimmte Zeiten, in denen ein Pendel sich nicht bewegen möchte, was meist an der momentanen Disharmonie der pendelnden Person liegt.

Beim Pendeln geht es um eine Energieübertragung – einmal um unsere eigenen, aber auch um eine kosmische Energie. Welche Energie Sie nun allerdings gerade erwischen, ist nicht immer klar. Deshalb sollten Sie sich beim Pendeln immer schützen. Stellen Sie sich einfach immer auf etwas Schwarzes, so sind Sie gut geerdet.

Man kann mit dem Pendel auch Energiezentren des Menschen, Chakren genannt, auspendeln und dadurch ausgleichen. Bei diesem Vorgang sollten Sie Ihre zweite Hand, bzw. einen Finger dieser Hand, in ein Glas Wasser stecken. So spielen Sie die Rolle eines Mediums, das überflüssige Energien aus dem Chakrabereich des Patienten weiterleitet. Das Wasserglas sollten Sie bei diesem Vorgang nie vergessen, denn sonst bleibt die fremde Energie in Ihrem Körper und kann Schaden anrichten ...
Generell fährt man bei dieser Methode mit einem Pendel den Rücken entlang und beobachtet, wie sich das Pendel verhält. Bei einem zu stark belasteten Energiepunkt schlägt das Pendel sehr weit aus. An dieser Stelle sollte man einfach anhalten, weil das Pendel die überflüssige Energie ableiten kann.

Sie können weiterhin auch Farben, Kosmetika, Baustoffe, ein Reiseticket, Fotos, das Geschlecht eines kommenden Kindes oder auch Wasseradern mit einem Pendel austesten.
Mit der Zeit wird man für sich selbst schnell feststellen, was für einen selbst in Frage kommt. Um klare Antworten zu erhalten, ist es beim Pendeln zudem wichtig, in der richtigen Verfassung zu sein. Für manche Personen ist es ratsam, kurze Zeit vorher zu fasten, denn Radiästhesie oder Pendeln ist im Grunde genommen eine starke Magie.

Rauchlesen

Rauchlesen ist eine uralte Methode. In vielen Länder der Welt wird aus dem Rauch gelesen. Schamanen in Amerika und Russland beherrschen das Rauchlesen seit tausenden von Jahren und verwenden diese Methode bis heute, um die Zukunft zu erfahren oder verschiedene Informationen aus der Zwischenwelt zu bekommen. Der Rauch überträgt Energien und wirkt als Medium. Man kann aus dem Rauch diese Energien ablesen und deuten. Diese Methode nennt man Kapnomantie oder auch Livanomantie. Um die Methode richtig anwenden zu können und zu beherrschen, sollte man zunächst eine spezielle schamanische Ausbildung absolvieren und über ein längere Zeit Erfahrungen sammeln.

*

Wasserlesen

Wasserlesen oder die Glaskugel befragen nennt man Lekanomantie – oder auch Hydromantie. Dies ist die älteste von den Russen angewandte Methode der Wahrsagekunst, die auch schon bei meinen Vorfahren sehr beliebt war. Doch schon im Alten Ägypten gab es vor tausenden von Jahren spezielle Tempel mit sehr tiefen Wasserquellen. Menschen, die Antworten auf ihre Fragen suchten, strömten dorthin und schauten in die Tiefe der Quelle. Dabei empfingen sie Schwingungen, aus denen sie dann die Antworten deuten konnten.

Um das Wasserlesen zu praktizieren, braucht man Geduld und Zeit. Die Gabe, visuell zu arbeiten, sollte vorhanden sein. Man muss allerdings nicht hellsichtig sein, um das Wasserlesen zu erlernen.

Die Wirkungsweise der Methode basiert auf dem Empfang von Energien durch ein Medium, in diesem Fall durch das Wasser. Das Schauen in die Tiefe bewirkt einen Dämmerzustand, wobei man sich in dem Bereich zwischen Wachsein und Schlaf befindet. Durch Konzentration empfangen Sie über das dritte Auge Informationen und Bilder – meist in visueller Form. Erforderliche Utensilien zum Wasserlesen:

- Eine tiefe Vase oder einen Spiegel, in die/den Sie schauen können.
- Ein paar Steine für den Vasenboden, um die Tiefe zu verstärken. Man sollte den Boden nicht sehen können.
- Sauberes Wasser aus der Leitung.
- Eine brennende Kerze, die hinter der Vase platziert wird.

Suchen Sie sich ein ruhiges Plätzchen in Ihrer Wohnung, damit Sie durch nichts abgelenkt werden können. Sie sollen sich wohl fühlen und keine Ängste empfinden.

Konzentrieren Sie sich auf eine Frage, und schauen Sie nun in das Wasser. Achten Sie dabei nicht auf die Wasseroberfläche, sondern auf die Tiefe. Versuchen Sie, das Wasser als Energiesubstanz zu erspüren, und bitten Sie es, Ihnen die Antworten auf Ihre Fragen zu geben.

Je länger Sie in die Tiefe schauen, desto tiefer gehen Ihre Gedanken. Nach einiger Zeit bekommen Sie das Gefühl, dass Sie mental mit Ihren Gedanken regelrecht in das Wasser hinein gehen oder, genauer gesagt, hinein gleiten.

Achten Sie darauf, dass sich das Licht der Kerze, die sich hinter der Vase befindet, auf der Wasseroberfläche spiegelt. So verstärken Sie die Wirkung des Vorganges und können sich schneller entspannen.

Für Neulinge, die das Wasserlesen nie zuvor ausprobiert haben, wird der Vorgang nicht unbedingt sofort beim ersten Mal die gewünschte Wirkung zeigen. Versuchen Sie deshalb, ihn öfter zu wiederholen, und geben Sie nicht gleich auf. Nach einigen Malen werden Sie bestimmt etwas im Wasser sehen.

Wenn Sie eine Frage stellen, wird durch das Medium Wasser die Antwort in verschiedenen Formen weitergeleitet. Als Erstes achten Sie auf die Farbe und auf die Ausstrahlung des Wassers. Wird es dunkler oder heller? Dunkle Verfärbungen, die Sie sehen, deuten auf eine negative Antwort, helle dagegen auf eine positive hin. Mit der Zeit werden Sie auch richtige Bilder aus dem Wasser empfangen können. Das Spektrum wird mit der Zeit immer umfangreicher. Sie werden feststellen, Übung macht den Meister!

Heilung durch Wasser

Wasser ist ein sehr guter Energieträger. In Kapitel 2 habe ich die Vorgänge des heilenden Betens (Besprechen) beschrieben, wobei ebenfalls Wasser verwendet wurde. Denn das Wasser nimmt sehr schnell positive Schwingungen auf und kann diese dann weiterleiten. Wenn man dieses Wasser dann trinkt, gelangt die gespeicherte Schwingung oder Kraft in den Körper und kann Heilung bewirken.

Da das Wasser also Kräfte speichern kann, wird es auch anderweitig in den alternativen Heilmethoden verwendet.

Der japanische Wissenschaftler Masaru Emoto sagt, dass man das Wasser durch Farben, Sprache und Wörter balancieren kann und damit eine gute Wasserqualität erreicht. So sind zum Beispiel in den letzten Jahren Gläser und Karaffen mit der Aufschrift "Liebe", "Licht" oder "Freude" sehr populär geworden. Aus solch einem Glas schmeckt das Wasser sogar besser und bewirkt Heilvorgänge. - Also, probieren Sie es gleich aus. Schreiben Sie auf ein mit Wasser gefülltes Glas das Wort "Liebe", und trinken Sie aus diesem Glas.

Man kann das Wasser auch durch Gedanken positiv aufladen. Diejenigen, die meine TV-Sendungen verfolgen, kennen dies schon: Stellen Sie ein Glas Wasser während der Sendung vor den Fernseher. Die Resonanz ist äußerst positiv, wie die zahlreichen Zuschriften zeigen. Auch in Russland arbeiten sehr viele Heiler auf diese Weise.

Man kann das Wasser auch selbst aufladen. Dazu schickt man Gedanken in ein Glas Wasser – einfach indem man sich auf dieses Medium konzentriert. Man kann auch visuell arbeiten, indem man zum Beispiel denkt: "Wenn ich das Wasser trinke, werde ich keine Schmerzen empfinden". Dies auszuprobieren lohnt sich auf jeden Fall.

Eine weitere Methode, mit der ich seit Jahren große Erfolge erziele, ist die, Heilwasser durch verschiedene Farben herzustellen. Dies geht folgendermaßen vor sich: Man stellt ein Glas mit Wasser für vier Stunden auf ein Blatt Farbpapier. Das Wasser verändert dadurch seine Molekularstruktur und gewinnt an Schwingung. Diese Schwingung wird von dem Wasser gespeichert. Nachfolgend habe ich Ihnen eine Auswahl der verschiedenen Anwendungsgebiete für die einzelnen Farben zusammengestellt:

Rot: gegen Müdigkeit und Muskulaturschmerzen, bei Erkältungen.

Orange: gegen Unterleibsbeschwerden, Asthma und Probleme mit den Sexualorganen. Bringt allgemeine Erleichterung, stimuliert die Organe.

Gelb: gegen Magenbeschwerden und Verstopfung; es schärft die Gedanken und stärkt die Nerven.

Grün: wird bei vielen hormonellen Problemen eingesetzt. Grün ist DIE Heilfarbe und wirkt gegen Migräne und Herzprobleme. Wenn man schnell gesund werden will, sollte man sich zusätzlich beispielsweise grüne Bettwäsche besorgen oder ein grünes Bild gut sichtbar aufhängen.

Himmelblau: ist eine antiseptische Farbe, es ist gut gegen Entzündungen und hilft bei Schilddrüsenproblemen. Himmelblau wird

	außerdem bei Knochenschmerzen, Rheuma, Gelenkproblemen und Verdauungsbeschwerden eingesetzt. Es hilft auch, Ruhe zu finden und beruhigt schreiende Kinder.
Blau:	wirkt kühlend und beruhigend, es wird deshalb auch gegen Ohren- und Halsschmerzen eingesetzt.
Violett:	hilft bei Augenleiden und beseitigt Schlafstörungen.
Weiß:	neutralisiert negative Energien im Raum und im Körper.

*

Kerzenschatten lesen

Kerzenschatten lesen ist eine alte russische Methode, die schon vor 2000 Jahren ausgeübt wurde. Man braucht keine besonderen Voraussetzungen, um mit den Kerzen zu arbeiten. Man zündet einfach eine Kerze an und konzentriert sich auf die Flamme und auf eine bestimmte Frage. Dann hält man ein Blatt weißes Papier so hinter die Kerze, dass der Kerzenschatten auf das Blatt fällt.

Das, was in dem Schatten erkannt wird, beispielsweise Figuren oder Buchstaben, wird nun für die Deutung herangezogen. Für eine Deutung kann eventuell auch ein Traumdeutungsbuch herangezogen werden, weil die Traumsymbole und die Kerzenschattensymbole ähnlich ausgelegt werden können.

*

Salz und Zucker lesen

Ich möchte gleich vorwegschicken, dass diese alte russische Methode nicht für jeden Zukunftsdeuter geeignet ist. Denn wenn Sie mit dieser Methode arbeiten wollen, müssen Sie unbedingt hellfühlig sein.

Zucker und Salz sind Energie speichernde Substanzen. Die Energie eines Menschen kann also im Zucker oder Salz gespeichert und an einen anderen weitergegeben werden. Klienten, die mich persönlich nicht aufsuchen oder anrufen können, bitte ich deshalb darum, mir einen Würfel Zucker zuzuschicken. Der Fragesteller sollte den Zuckerwürfel dazu drei

Nächte unter dem eigenen Kopfkissen liegen lassen. In dieser Zeit speichert der Zucker genügend Energie, um mir die Energien des Fragestellers zu zeigen, damit ich dessen Zukunftsperspektiven erkennen kann.

✳

Blei oder Wachs gießen (Keromantie)

Diese Methode kennt wohl jeder in Europa. Sie ist in den letzten zwei Jahren so populär geworden, dass man Bleigießsets sogar in vielen Supermärkten findet. Bleigießen kann jeder, der etwas Fantasie hat.
Man braucht dazu ein Glas Wasser und etwas Blei oder Wachs, die über einer Kerze erwärmt werden. Wenn das Blei oder Wachs, je nachdem was Sie bevorzugen, flüssig geworden ist, wird es ins Wasser gegossen. Durch die Abkühlung wird das Wachs (bzw. Blei) hart und zieht sich zusammen. So entstehen verschiedene Figuren, die man intuitiv deutet.

✳

Myomantie

Myomantie ist eine Methode, die sich mit dem Vorhersagen der Zukunft anhand des Verhaltens von Mäusen und Ratten beschäftigt. Man stellt eine Frage – und lässt dann die Mäuse, die man zuvor eingefangen hat, aus dem Sack. Je nach dem, ob die Mäuse geradeaus, nach links oder rechts laufen, kann man die Antwort auf die gestellte Frage finden.
Diese Methode wird heutzutage nicht mehr oft eingesetzt, da es sicherlich einfachere und genauere Werkzeuge gibt, um die Zukunft zu deuten.

✳

Teframantie

Teframantie ist das Vorhersagen mit Hilfe von Asche. Man nimmt die Asche dazu aus dem Feuer, lässt sie abkühlen und streut sie auf eine Vorlage, z. B. auf Papier oder auf einen Tisch. Je nach dem, wie die Asche gefallen ist und welche Figuren oder Zeichen zu sehen sind, wird die Frage beantwortet.

Enontromantie

Diese Methode funktioniert ähnlich wie das Wasserlesen. Man schaut dabei allerdings nicht in Wasser, sondern in die Tiefe eines großen Spiegels, um die Zukunft zu sehen oder um eine Antwort auf eine bestimmte Frage zu finden. Mit Hilfe dieser Methode kann man sehr viel erreichen. Eine Seance dauert in der Regel etwa 30 Minuten.

Entspannen Sie sich zuerst in einem Sessel. Stellen Sie sich ein Ziel vor. Sie müssen wissen, was Sie erfahren wollen, und wer Sie führen soll. Wollen Sie zum Jenseits Kontakt herstellen oder eine eigene Inkarnation im Spiegel sehen? Alles ist möglich.

Nachdem Sie sich nun entspannt haben, zünden Sie eine Kerze an, stellen sie in die Nähe eines Spiegels und machen etwa eingeschaltetes Licht aus. Dann setzen Sie sich wieder in den Sessel.

Jetzt schauen Sie in den Spiegel, wobei Sie sich selbst im Spiegel aber nicht sehen dürfen. Schauen Sie in die Tiefe des Spiegels, versuchen Sie diese Tiefe zu erspüren. Nach ungefähr acht Minuten werden Sie das Gefühl bekommen, leicht zu sein und in den Spiegel hinein zu schweben. - Keine Angst, Ihnen kann dabei nichts geschehen. Bleiben Sie stattdessen weiter entspannt, und betrachten Sie Ihre Umgebung. Sie werden dabei Bilder, Stimmen oder gar bewegliche Szenen wahrnehmen.

Sie können den Vorgang in jeder Sekunde abbrechen, wenn Sie Angst bekommen sollten.

*

Murmelorakel für die Liebe

Das Murmelorakel kommt aus Osteuropa. Es handelt sich dabei um eine Methode, die viel Freude bereiten kann. Allerdings sind hierzu sehr viel Einfühlungsvermögen und ein gutes Bauchgefühl nötig.

Es werden 20 verschiedene Murmeln aus Glas und ein grober Teller benötigt. Die Murmeln sollten zudem alle gleich groß sein; nur zwei Murmeln, die die Personen symbolisieren, sollten etwas größer sein.

Der Teller wird mit einem Stoff, der auch aufgeklebt sein kann, überzogen. Am besten eignen sich hier Plüsch oder Mikrofaser. Die Murmeln werden dann vorsichtig auf den Teller fallen gelassen und ihre Positionen gedeutet.

Die Murmel werden folgendermaßen ausgewählt:

2 große Murmeln, blau und grün – sie symbolisieren zwei Personen. Blau steht dabei für einen Mann und grün für eine Frau.

2 kleine Murmeln in rot – sie symbolisieren Liebe

2 kleine gelbe Murmeln – sie symbolisieren Zärtlichkeit

2 kleine weiße Murmeln – sie symbolisieren Sexualität

2 kleine schwarze Murmeln – sie symbolisieren Abneigung

2 kleine orangene Murmeln – sie symbolisieren Interesse und Zuneigung

2 kleine hellblaue Murmeln – sie symbolisieren Konkurrenz

2 kleine braune Murmeln – sie symbolisieren den Beruf

2 kleine graue Murmeln – sie stehen für Angst

1 kleine violette Murmel – sie symbolisiert Bindung

1 kleine goldfarbene Murmel – sie symbolisiert Kinder

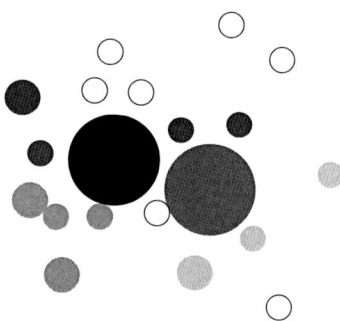

Schauen Sie zuerst, wie die Murmeln gefallen sind. In meiner Skizze liegen die beiden großen Murmel (blau und grün), die 2 Personen symbolisieren, nah beieinander. Das bedeutet, dass sich beide Personen kennen. In unmittelbarer Nähe der großen Murmeln liegen zwei kleine rote Murmeln. Da die kleinen roten Murmeln für die Liebe stehen, kann man erkennen, dass beide Personen für einander Gefühle hegen.

Ganz nah neben der grünen Murmel liegt die kleine gelbe Murmel. Die zweite gelbe Murmel liegt neben der großen blauen Murmel, allerdings von dieser etwas weiter entfernt. Gelbe Murmeln stehen für Zärtlichkeit. Das Bild zeigt uns also, dass die Frau (die grüne Murmel steht für eine weibliche Person) viel zärtlicher ist als der Mann (blaue Murmel).

Die hellblauen Murmeln nun stehen für "Konkurrenz". In meinem Bild stören sie nicht, da sie weit weg von den Personenmurmeln liegen.

Die violette (Bindung) und eine graue (Angst) Murmel liegen in der Nähe des Mannes, was darauf hindeutet, dass der Mann Bindungsängste hat.

Man kann das Bild auf diese Art noch weiter deuten und zusätzliche interessante Informationen herausfinden. Ich bin mir sicher, dass Ihnen diese Methode der Zukunftsdeutung zusagen und Spaß machen wird. Probieren Sie es aus. Murmeln finden Sie in jedem guten Spielzeugladen.

✳

I Ging

Viele von Ihnen kennen den Namen "I Ging". Das I Ging oder das Buch der Wandlungen gehört zu den ältesten Büchern der Literatur. Das besondere an diesem Buch ist, dass man in ihm beinahe auf jede Frage

eine Antwort findet. Man kann das Buch als Orakelbuch verwenden, indem man einfach eine Frage stellt, das Buch dann spontan an einer Stelle aufschlägt und dann die Antwort abliest.

Eine andere Möglichkeit bietet die Methode mit Münzen: Dazu werden drei Münzen benötigt, die 6-mal geworfen und gedeutet werden. Man geht hier nach dem Prinzip "Ja" oder "Nein" vor und notiert nach jedem Wurf das Ergebnis in Form eines Striches. Das "Ja" wird durch einen durchgehenden Strich und das "Nein" durch einen unterbrochenen Strich angedeutet. Die Striche werden untereinander geschrieben. Man kann es von oben nach unten oder von unten nach oben zeichnen.

Wenn Sie Zahl – Zahl – Zahl oder Kopf – Kopf – Kopf geworfen haben, zeichnen Sie einen durchgehenden Strich, wenn Sie Zahl – Kopf – Zahl oder Kopf – Zahl – Kopf geworfen haben, deuten Sie dies mit einem unterbrochenen Strich an.

Beispiel:

Zahl   – Zahl   – Zahl
Kopf   – Zahl   – Zahl
Zahl   – Zahl   – Zahl
Kopf   – Kopf   – Kopf
Zahl   – Kopf   – Kopf
Zahl   – Zahl   – Zahl

Das Bild sieht nun so aus:

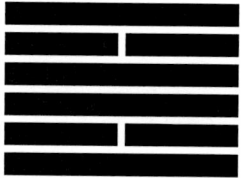

Sie können jedoch aus diesem Beispiel auch zwei Einzelzeichnungen anfertigen.

Durch verschiedene Kombinationen dieser acht Striche ergeben sich insgesamt 64 Bilder, wobei jedes davon aus sechs positiven und negativen Strichen besteht. Jedes dieser Bilder hat eine eigene Bedeutung, die im I Ging beschrieben wird.

In der untenstehenden Tabelle finden Sie eine kurze Deutung der 64 Bilder des I Ging.

Suchen Sie zunächst das erste Zeichen oben und dann das zweite Zeichen links in der Tabelle. Dort, wo beide sich kreuzen, steht eine Zahl, anhand derer Sie dann die Bedeutung des Bildes nachlesen können.

oben / unten	1	2	3	4	5	6	7	8
1	1	2	3	4	5	6	7	8
2	9	10	11	12	13	14	15	16
3	17	18	19	20	21	22	23	24
4	25	26	27	28	29	30	31	32
5	33	34	35	36	37	38	39	40
6	41	42	43	44	45	46	47	48
7	49	50	51	52	53	54	55	56
8	57	58	59	60	61	62	63	64

1. Ein gutes Zeichen, es zeigt viel Hoffnung, die man nicht aufgeben sollte. Gegen April werden sich Ihre Pläne erfüllen. Seien Sie nicht zu voreilig, Ihr Wunsch sei Ihnen gewährt.

2. Versuchen Sie nachzudenken. Die Möglichkeit, einige Fehler zu machen, ist groß.

3. Sie werden so viele Erfolge haben, wie Sie wollen; glauben Sie an sich, zweifeln Sie nicht an sich selbst, und konzentrieren Sie sich auf eine Sache.

4. Sie versuchen zu viel, aber nichts klappt. Verlassen Sie sich besser auf das Universum, und stellen Sie sich gut mit Ihren Mitmenschen.

5. Sie erleben die tiefste Phase Ihres Lebens? Alles ist schlecht, und Ihnen geht es richtig mies? Sie können leider die Situation nicht unter Kontrolle halten. Bald kommt aber eine bessere Zeit, und Sie werden klarer denken können. Nach drei Monaten werden Sie Erfolg haben.

6. Sammeln Sie Kraft, und planen Sie etwas Neues. Sie haben noch zwei Monate Zeit und brauchen deshalb noch etwas Geduld. Lassen Sie nicht zu, dass Ihnen ein älterer Mensch schadet.

7. Ihr Schicksal wird eine Pause einlegen. Warten Sie ab, und denken Sie nach.

8. Ihr Glück geht weiter. Vergessen Sie Ihre Freunde nicht, und teilen Sie mit ihnen das, was Sie selbst bekommen haben. Haben Sie Geduld, und Ihr Vorhaben wird sich erfüllen.

9. Ziehen Sie sich zurück, und denken Sie nach. Keine gute Zeit, um neue Beziehungen zu starten.

10. Erfolg ist auf dem Weg zu Ihnen, freuen Sie sich schon im Voraus.

11. Sie sind nicht in Ihrer Mitte und sind verwirrt. Suchen Sie nach Harmonie. Eine Dame wird Sie eventuell aufregen, ignorieren Sie sie.

12. Passen Sie auf Ihre Liebe auf. Machen Sie sich aber keine Sorgen, alles braucht seine Zeit.

13. Nehmen Sie angebotene Hilfe an, alleine schaffen Sie jetzt nichts.

14. Passen Sie auf, was Sie tun, und handeln Sie sofort.

15. Was man sät, das wird man ernten ... Denken Sie daran: Was Sie heute geben, werden Sie morgen zurückbekommen.

16. Eine sehr erfolgreiche Zeit, seien Sie bereit für den Neuanfang.

17. Setzen Sie sich ruhig höhere Ziele, haben Sie keine Angst. Fortuna steht auf Ihrer Seite.

18. Ein Umbruch in Ihrem Leben hat begonnen. Vieles wird anders sein. Glauben Sie an sich!

19. Es sieht zwar alles gut aus, ist es aber nicht. Tun Sie etwas für Ihre Erfolge, seien Sie nicht passiv.

20. Erntezeit! Ihr Leben nimmt eine glückliche Wendung.

21. Durch viele seelische Leiden kommen Sie jetzt zum Erfolg. Fahren Sie in den nächsten Tagen nicht weg. Finden Sie Ihre Ruhe zu Hause bei der Familie.

22. Ihr Vorhaben braucht Zeit.

23. Sie verhalten sich falsch. Zeigen Sie Ihr wahres Gesicht, und Ihr Leben wird leichter werden. Ihre Pläne erfüllen sich, aber erst nach Monaten.

24. Versuchen Sie, sich nur auf eine Sache zu konzentrieren. Planen Sie alles voraus. Momentan sieht alles gut aus, aber die Zeiten werden nicht immer so sein. Sorgen Sie vor. Fangen Sie jetzt nichts Neues an. Es liegt eine Tiefphase von einigen Monaten vor Ihnen.

25. Es ist nicht alles so schlecht, wie Sie denken; haben Sie etwas Geduld, und Sie werden Ihr Ziel erreichen.

26. Bleiben Sie bei Ihren Ideen, halten Sie durch, auch wenn Sie niemand unterstützt. Nehmen Sie auch kleine Erfolge von Herzen an.

27. Sie sind unglücklich – lenken Sie sich ab, machen Sie etwas Neues.

28. Ihr Erfolg ist Ihnen sicher, aber Sie haben Konkurrenz. Dadurch werden Sie aber zu noch mehr Erfolg kommen.

29. In dieser Zeit werden Sie vom Kosmos unterstützt und können Karriere machen. Ihr Wunsch geht in Erfüllung.

30. Kein gutes Zeichen. Nichts klappt jetzt. Sie müssen bessere Zeiten abwarten und alles Geplante momentan zur Seite legen. Die bessere Zeit wird in zwei Monaten anfangen.

31. Versuchen Sie, sich mit fremden Augen zu sehen, und hören Sie auf, das Schicksal zu beklagen. Suchen Sie einen Arzt auf.

32. Ihre Probleme sind viel kleiner, als Sie denken. Sie werden Ihre Ziele in den nächsten sieben Wochen erreichen. Das Schicksal hat etwas vor mit Ihnen.

33. Ein sehr gutes Zeichen für die Zukunft, seien Sie aber selbstkritischer.

34. Sie sind glücklich, aber Ihre Launen sind unausstehlich. Sehen Sie sich etwas kritischer.

35. Nehmen Sie alles selbst in die Hand – und warten Sie damit nicht zu lange.

36. Fangen Sie jetzt nichts Neues an! Warten Sie ab, und seien Sie geduldig.

37. Erst in fünf Monaten wird Ihr Leben wieder stabiler. Ein Freund oder eine Freundin wird Sie bis dahin unterstützen.

38. Ihr Leben verläuft nicht ganz ruhig, und Sie wissen nicht, wie es weitergehen soll. Wenn Sie aber jetzt um Hilfe gebeten werden, sagen Sie "Ja", und versuchen Sie zu helfen. Bald werden Sie selbst Hilfe brauchen und diese auch bekommen.

39. Das ist die Zeit der Analyse, also analysieren Sie. In dieser Situation verlieren Sie vielleicht einen Freund, aber halten Sie an Ihren Ideen fest.

40. All Ihre Pläne werden bald Wirklichkeit werden. Die Erfüllung des Vorhabens ist garantiert.

41. Sie fühlen ein Durcheinander? Keine Panik. – Es kommt zu einem Konflikt. Ziehen Sie sich zurück.

42. Fangen Sie nichts an, die Zeit ist ungünstig.

43. Erfolg kommt erst später zu Ihnen. Jeder Tag wird aber besser.

44. Alte Träume werden wahr. Die Leidensphase ist fast vorüber. Rechnen Sie mit neuen Bekannten und Freunden.

45. Der Erfolg hat Sie wieder entdeckt! Die Tiefphase ist fast vorbei.

46. Sie haben eine schlechte Zeit. Ein Schicksalsschlag sucht Sie heim, und Sie können nur noch abwarten, bis er vorbei ist.

47. Im Moment gibt Ihnen eine große Blockade keine Chance. Warten Sie ab. Sie sind nervös und unausgeglichen. In der Ruhe liegt die Kraft.

48. Ziehen Sie sich zurück, und überlegen Sie genau, was Sie tun müssen, um das Ziel zu erreichen. Streiten Sie nicht mehr lange mit Ihnen nahe stehenden Menschen.

49. Halten Sie sich zurück, und Sie kommen weiter. Denken Sie an die Zukunft.

50. Sie haben viel Erfolg und werden noch mehr Erfolg haben. Einige Turbulenzen kommen aber noch in Ihr Leben, mit denen Sie jedoch fertig werden.

51. Ihre innere Unruhe gibt Ihnen keine Chance, richtig zu denken. Versuchen Sie, einiges loszulassen.

52. Eine große Enttäuschung steht Ihnen bevor. Es geht vor allem um Liebes-Angelegenheiten. Bald tritt ein neuer Mensch in Ihr Leben.

53. Überlegen Sie Ihre Schritte genau. Ein langer Weg liegt vor Ihnen.

54. Lenken Sie sich ab. Das, was Sie vorhaben, sollten Sie im Moment vergessen. Achten Sie auf Ihre Finanzen, es sieht hier nicht gut aus.

55. Warten Sie ab, unternehmen Sie in den nächsten Wochen keine Reisen.

56. Bald kommt ein Konflikt. Ziehen Sie sich zurück, und versuchen Sie, diesen Konflikt zu umgehen. Fangen Sie momentan nichts Neues an.

57. Sie wissen nicht mehr weiter und auch nicht, was richtig wäre. Ihre Umgebung verhält sich nicht aufrichtig. Versuchen Sie, diese zu ändern. Falsche Personen blockieren Ihr Leben, lösen Sie sich so schnell wie möglich von ihnen.

58. Versuchen Sie, sich zurückzuziehen, um zu überlegen. Flippen Sie ja nicht aus. Bald erleben Sie eine (dieses Mal) angenehme Überraschung, die Sie erfreuen wird. Sie haben Schutz von oben und werden neue Kontakte knüpfen können.

59. Der Erfolg ist bald an Ihrer Seite. Gehen Sie vorwärts, und haben Sie keine Angst vor der Zukunft.

60. Ihre Sonne geht auf, Sie haben so lange darauf gewartet - und nun sind Sie am Ziel.

61. Einiges läuft nicht so, wie Sie es gerne hätten. Sie haben eine Pechsträhne. Suchen Sie Hilfe. Ihr Vorhaben wird erfüllt, aber erst nach Monaten.

62. Sie haben eine Umbruchphase. Alles scheint nicht mehr das zu sein, was es war. Es bleiben noch alte Probleme, die Sie jetzt lösen müssen, um weiter zu kommen. Die größten Probleme haben Sie jedoch schon hinter sich gebracht. Kopf hoch!

63. Eine Person ist falsch und spricht schlecht über Sie. Deshalb sollten Sie Ihr Vorhaben zeitlich erst einmal verschieben. Freunde werden Ihnen jetzt auch nicht helfen können.

64. Ihr Wunsch geht in Erfüllung. Sie sollten aber mehr tun und sich anstrengen. Geben Sie Gas, aber unternehmen Sie keine Reisen oder Ähnliches in den nächsten zwei Wochen.

✳

Runen deuten

Fast jeder hat sicherlich schon einmal etwas gehört von Runen, sie gelten als die ältesten überlieferten Schriftzeichen und sind über 2000 Jahre alt. Die Runenzeichen sind Buchstaben, die aus einfachen Linien zusammengesetzt werden. Sie entstammen dem Mythos nach einer universellen Einheit und sind sozusagen ein Teil des Kosmos'. Runen tragen verborgenes Wissen und eine unheimliche Kraft in sich. Das Wort "Rune" bedeutet demnach auch so viel wie "Geheimnis" oder "Mysterium".
Jede Rune trägt ihren eigenen Namen, und es gibt insgesamt 25 Runen. Die 24 wichtigsten, die bei einem Orakel verwendet werden, sind in drei Gruppen zu je acht Zeichen eingeteilt und den Göttern Wodan, Donar und Tyr zugeordnet. Die 25, die leere Rune, steht für das Höchste und für das Geheime; sie wird beim Orakel nicht verwendet.
Runen funktionieren dabei wie ein Orakel. Man zieht aus dem Säckchen mehrere, meistens fünf, Runen, legt diese nach dem Zufallsprinzip aus

und deutet die entstehenden Bilder. Die erste Rune sagt dabei etwas über die Situation aus, die zweite gibt an, was zu tun ist, die dritte warnt, die vierte gibt einen Rat und die fünfte zeigt auf, was aus der angesprochenen Situation wird.

Die folgende Runentabelle erklärt Ihnen die Bedeutung der einzelnen Symbole.

Wodans Runen

Rune	Name	Bedeutung
ᚹ	Fehu	Vieh, Vermögen und Glückschützer. Wenn Sie diese Rune gezogen haben, sollten Sie an sich glauben. Als Amulett steht sie für Reichtum, Stärkung, Beständigkeit, Geburt und neue Ideen.
ᚢ	Uruz	Erdkraft und neue Energie, eine energetische Rune. Wenn Sie diese Rune gezogen haben, brauchen Sie zur Zeit eine Stärkung der Selbsterkenntnis. Als Amulett schenkt diese Rune Mut und Schönheit.
ᚦ	Thorn, Thurisaz	Willensrune. Wenn Sie diese Rune gezogen haben, brauchen Sie viel Tatkraft. Als Amulett verleiht sie Durchsetzungsvermögen und steht für das Loslassen. Sie stärkt den Willen.
ᚨ	Ansuz	Diese Rune deutet auf Geschenke hin. Als Amulett stärkt Sie den Körper, den Mund und hilft bei Geburten. Steht auch für die Stärkung der Atmung, der Lungen und der Redekraft.
ᚱ	Raido	Diese Rune deutet auf Reise sowie auf Vereinigung hin und gibt einen Rat. Als

Amulett schützt sie gegen Ungerechtigkeit bei Prozessen. Sie schützt generell
Menschen vor ungerechter Behandlung.

ᚲ	Kenaz oder Kano	Diese Rune deutet auf ein Feuer, Unglück oder Krankheit hin. Sie wird als Amulett zur Stärkung aller künstlerischen Fähigkeiten verwendet.
ᚷ	Gebo	Gabe, Gunst, Geld; Eherune. Sie bedeutet Freundschaft und Liebe, hält die Ehe zusammen und bringt auch Zerstrittene wieder zusammen.
ᚹ	Wunjo	Diese Rune bedeutet Freude, Wohlbehagen und das Ende einer Krise. Als Amulett schützt sie vor allem Bösen – ein klassisches Schutzamulett.

Donars Runen

Rune	Name	Bedeutung
ᚼ	Hagal, Hagalaz	Diese Rune deutet auf Hass hin; sie schützt allgemein Haus, Mensch, Tier und Wohnung und gibt Gesundheit.
ᚾ	Naudiz, Nauthiz	Not, Zwang, Schmerz-Rune, deutet auch auf Neid hin. Diese Rune wird nie als Amulett verwendet.
ᚻ	Jeran, Jara	Rune der Arbeit, deutet auf einen guten Ausgang und Neuanfang hin. Als Amulett wird sie für die Geduld eingesetzt.
ᛇ	Eihwaz	Rune des Einsturzes, hilft, die richtige Wahl zu treffen. Sie unterstützt bei Prüfungen.

Rune	Name	Bedeutung
⛗	Perth	Rune der Pracht, der Prüfung und der Spiritualität. Als Amulett hilft sie bei allen Prüfungen. Sie fördert den Geist und das Denken.
⟡	Algiz	Diese Rune deutet auf Schutz und Abwehr hin. Als Amulett stärkt sie die geistigen und körperlichen Kräfte gegen Krankheiten und böse Menschen.
⟋	Sowelu	Diese Rune wird auch Sonnenrune genannt und deutet auf Sieg hin. Sie schützt vor Spuk und bösen Geistern, bringt auch viel Ruhe und Gelassenheit. Besonders für Frauen in Not geeignet. Diese Rune gibt außerdem Energie und Power.

Tyrs Runen

Rune	Name	Bedeutung
↑	Tiwaz, Teiwaz	Tapfere Taten-Rune. Sie schützt, bringt Erfolg und Reichtum, hilft gegen den bösen Blick.
⟊	Berkana	So genannte Birkenrune, bringt Beistand und Wachstum. Sie ist besonders für junge Frauen mit Kindern geeignet. Sie erleichtert das Schicksal.
⟋	Ehwaz	Pferd-Rune, gibt Unterstützung, Bewegung und neue Ideen. Als Amulett untertützt diese Rune selbstständiges Handeln.
⟋	Mannaz	Diese Rune stellt einen Menschen dar und das "Ich". Sie schenkt allgemein

		Ruhe und Frieden, Harmonie und Eintracht.
↑	Laguz	Das ist die so genannte Wasserrune, sie bringt den Sieg in allem, gibt Macht, Mut und Stärke.
|	Isa	Das ist die Rune der Kraft, der Reserven. Als Amulett wird sie bei Kraftlosigkeit verwendet.
ᛗ	Dagaz	Das ist die Gesundheitsrune, hilft auch bei geschäftlichen Projekten.
ᚦ	Opala	Erbe, fester Besitz, Adel. Diese Rune gibt Beherrschung, Sicherheit und Selbstvertrauen.

Wie Sie sehen, werden Runen auch als Amulett verwendet. Runenamulette bestehen dabei aus einzelnen Runen und sind sehr wirksam, da die Runen Schalthebel zu kosmischen Kraftspeichern sind und vor verschiedenem Unheil schützen. Ich habe ein paar Runenabbildungen für Sie vorbereitet, die auf einen Zettel gemalt und bei sich getragen werden können:

Rune Wachstum   Rune Spiritualität   Rune Energie   Rune Erfüllung

*

Kabbala

Die Kabbala ist eine sehr alte jüdische Lehre, bei der mit einer Form der Numerologie und mit verschiedenen Kerzenritualen gearbeitet wird. Eine besondere Bedeutung kommt bei der Kabbala dem so genannten "Baum des Lebens" zu. Der Baum des Lebens stellt die grundlegende, innerste spirituelle Struktur alles Existierenden dar. Das ist der göttliche Schöpfungsplan. Durch die Arbeit mit dem Lebensbaum stellt der Kabbalist eine Verbindung zwischen seinem Bewusstsein und Gott her. Durch die Kabbala erkennen die große Meister intuitiv die verborgenen Geheimnisse des Universums.

Der Baum des Lebens teilt sich in verschiedene Sphären auf, denen bestimmte Zahlen zugeordnet werden: So steht 1 für die Krone und für das Höchste, 2 für Weisheit, 3 steht fürs Verständnis, 4 für Gnade, 5 für Strenge, 6 für die Schönheit und 7 für den Sieg. Die 8 steht für die Ehre, 9 für ein Fundament, 10 für ein Königreich.

Im Handel gibt es Kabbala-Karten, mit denen auch Anfänger arbeiten können. Die Karten funktionieren dabei wie ein Orakel. Sie stellen also eine Frage und ziehen eine Karte. Diese sagt Ihnen dann, was Sie zum gegenwärtigen Zeitpunkt wissen sollen, um das beste Ergebnis zu erzielen. Betrachten Sie auch immer den ganzen Lebensbaum, und stellen Sie fest, an welcher Stelle die Karte, die Sie gezogen haben, einzuordnen ist. Öffnen Sie ihren Geist für die Botschaft, die Sie über die Zahlen und den Platz der Karte im Baum des Lebens erhalten.

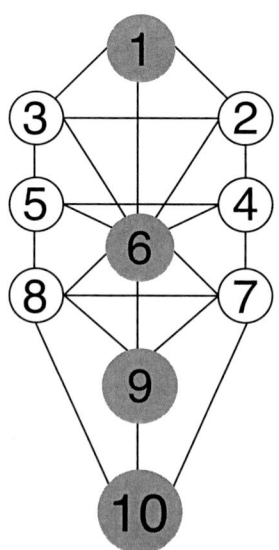

Handlesen

Handlesen ist eine der ältesten Wahrsagekünste und nahezu in der ganzen Welt verbreitet. Handleser können anhand der Handlinien und Handformen sowie anhand der Handhügel und der Fingerlänge einmal zutreffende Aussagen über die Persönlichkeit der Person machen. Zum anderen können sie aber auch die Zukunft vorhersagen oder die Vergangenheit erkennen.

Da es zur Handlesekunst bereits unzählige Publikationen gibt, werde ich mich bei meinen Erklärungen kurz fassen.

*

Handformen

Man unterscheidet generell acht Handformen.

Praktische und energische Menschen haben *quadratische Hände*. Die Hand sieht eher grob aus. Ein Mensch, der solche Hände hat, ist ein Realist und ein guter Arbeiter.

Längliche Hände haben Menschen mit viel Fantasie, die gerne träumen. Sie sind kreativ und haben viele Ideen.

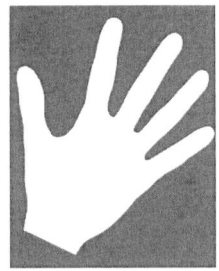

Grobe Hände deuten auf einen eher sturen und aggressiven Menschen hin, der auch oft unter Depressionen leidet.

Praktische Hände deuten auf einen Menschen mit vielen Interessen hin. Er ist vielseitig begabt und meistens gut gelaunt. Praktische Hände weisen überdies viele Linien auf. Sie sehen zwar den groben Händen sehr ähnlich, haben jedoch längere Finger.

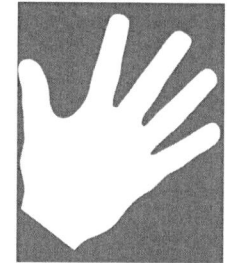

Konische Hände zeigen uns einen Träumer. Menschen mit solchen Händen sind sehr harmonisch und sensitiv veranlagt, sie sind kreativ, fantasievoll und geben anderen oft einen guten Rat. Menschen mit konischen Händen schimpfen fast nie und suchen immer Kompromisse.

Psychische Hände haben Menschen mit vielen Ideen, die sie aber selten umsetzen können. Solche Hände kommen oft in Indien und Afrika vor. Ein Mensch mit solchen Händen ist nicht immer praktisch, dafür aber ein Idealist. Ein solcher Mensch kann pedantisch sein, ist sehr intuitiv veranlagt, lebt aber meist in einer selbst erschaffenen Welt.

Philosophische Hände deuten auf einen Denker und Analytiker hin. Ihm fallen vor allem Entscheidungen sehr schwer. Eine solche Hand hat immer etwas angeschwollene und ausgeprägte Fingergelenke.

Mischformen aus o. g. Formen gibt es natürlich auch. Solche Menschen haben in der Regel viele Qualitäten und kommen im Leben rasch voran.

*

Handlinien

Mit den Jahren werden die Handlinien, die bereits Babys bei der Geburt haben, immer ausgeprägter und vielfältiger. Die Handlinien verändern dabei auch – je nach Lebensweise – ständig ihre Form.
Nachfolgend erläutere ich Ihnen kurz die wichtigsten Handlinien.

Lebenslinie

Diese Linie befindet sich am Daumenballen. Die Lebenslinie deutet auf keinen Fall auf die Dauer des Lebens hin, sie symbolisiert eher die Liebe zum Leben. Die Lebenslinie kann dabei verschiedene Formen haben: Wenn sie steil nach unten geht, deutet das auf gesundheitliche Schwächen der Person, Energielosigkeit und Unlust zum Leben hin.

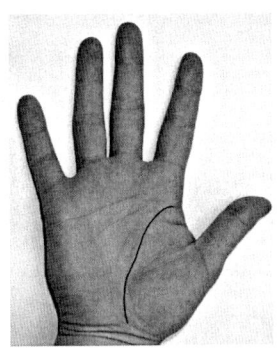

Ein Knick in dieser Linie dagegen lässt immer auf einen Umbruch im Leben und auf Veränderungen im häuslichen oder familiären Bereich schließen.

Eine runde Lebenslinie schließlich zeigt, dass das Individuum viel Energie besitzt, es kann im Leben viel aushalten und hat kaum Probleme mit der Gesundheit.

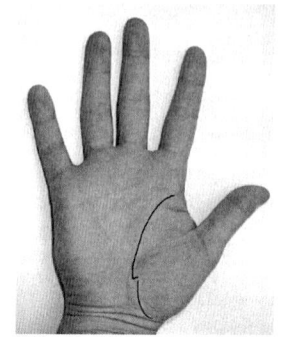

Kopflinie, Denkenslinie

Diese Linie kennzeichnet den Intellekt der Person. Je länger diese Linie ist, desto klüger dürfte der Mensch sein, wobei es natürlich auch Ausnahmen gibt. Ein Mensch, der eine sehr lange Kopflinie hat, hat immer neue Ideen und zudem viel Energie, um diese Ideen in die Tat umzusetzen. Er kann zudem mit vielen Problemen im Leben schnell fertig werden. Sollte diese Linie am Ende eine Verzweigung haben, deutet das auf einen Menschen hin, der gut schreiben kann (fast alle Schriftsteller haben eine solche Verzweigung).

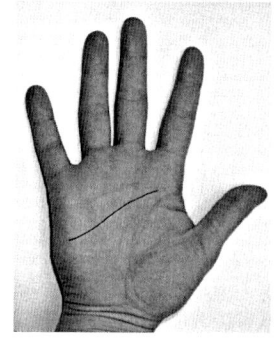

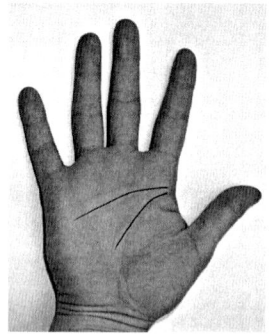
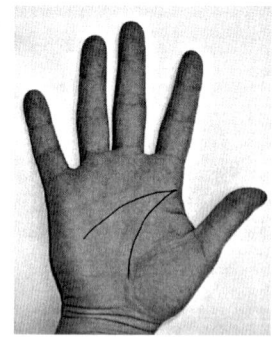

Laufen die Lebenslinie und die Kopflinie zusammen, deutet dies auf einen sehr vorsichtigen Menschen hin. Weiter gilt: Je weiter die beiden Linien am Anfang voneinander entfernt liegen, desto mehr Freiheit braucht dieser Mensch.

Herzlinie

Die Herzlinie lässt die Gefühlswelt des Individuums erkennen. Je länger diese Linie ist, desto romantischer und gefühlsvoller ist die Person. Sollte diese Linie ganz kurz sein, ist die Person zum Leiden verurteilt und muss sich das ganze Leben durchboxen.

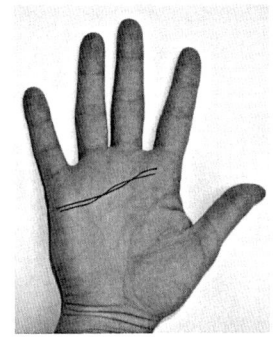

Die *Venuslinie*, auch *Venusgürtel* genannt, haben nicht alle Menschen. Diese Linie läuft vom Mittelfinger leicht nach unten und deutet auf eine hellfühlige Gabe hin.

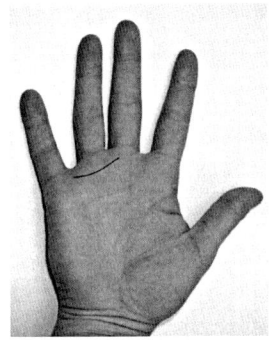

Eine *Gesundheitslinie* hat ebenfalls nicht jeder Mensch. Das ist allerdings auch gut so, denn eine solche Linie bedeutet, dass eine schwache Gesundheit und sehr viel Stress im Leben gegeben sind.

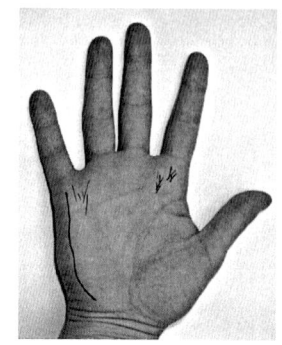

Sorgenlinien

sind meist am Handballen zu sehen. Das sind sehr kleine und kurze Linien, doch je mehr Linien vorhanden sind, umso mehr Sorgen hält das Leben bereit. Bei Menschen, die unerklärliche Lebensängste bekommen, sind diese Linien sehr oft zu beobachten.

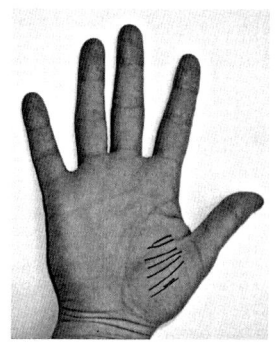

Neben der Interpretation der Handlinien selbst, müssen Sie auch die Struktur der Linien beachten:

Dreiecke   zeigen besondere Ziele und Ideen an.

Gitterchen   sind meist negative Zeichen und deuten auf Verluste hin.

Quadrate   deuten auf heilende Gaben hin sowie auf Schutz durch Engel.

Kreuze	✝ ⚡ ✝	sind karmische Zeichen und lassen Lebensveränderungen erkennen.
Inselchen und **Zöpfe**		zeigen, dass der Mensch Energien verliert und seelische Probleme hat.

*

Die Finger

Zuallererst müssen Sie auf die Länge der einzelnen Finger achten, wobei gilt:

Lange Finger	deuten auf einen Menschen hin, der feine Arbeiten, Musik und kleine Details liebt.
Kurze Finger	deuten auf einen Menschen hin, der eher grobe Arbeit mag. Solche Personen haben wenig Geduld und sind immer beschäftigt.
Mittellange Finger	deuten auf einen Menschen hin, der wankelmütig sowie schwankend ist und eine sehr unruhige Natur hat.

Für genauere Deutungen können Sie nun noch die **Weichheit oder Härte der Finger** mit in Ihre Analyse einbeziehen, denn dies verrät uns die Natur des Individuums. Die Härte einer Hand hängt aber kaum mit der Tätigkeit des Menschen zusammen, und ein Arbeiter kann auch sehr weiche Hände haben.

Weiche Hände haben Menschen, die Luxus lieben und viele Wünsche haben.

Harte Hände sind ein Kennzeichen für starke, dickhäutige Menschen, die dominant sind und ihren Willen durchsetzen möchten.

Haare auf der Hand verraten uns, ob der Mensch großes Verlangen hat.

Viele Haare auf der Handoberfläche stellen einen Menschen dar, der viel Verlangen nach physischen und materiellen Gütern hat.

Mittelmäßig behaarte Hände deuten auf Mut hin.

Und Hände schließlich, die keine Haare an der Handoberfläche haben, zeigen einen Menschen, der mit seinem Leben zufrieden ist.

Der Händedruck verrät uns darüber hinaus den Typus des Menschen. Wer beim Händedruck die Finger zusammenhält, ist ein vorsichtiger, selbstkritischer Typ. Wer dagegen die Finger auseinander hält, ist wie ein offenes Buch, selbstbewusst und mutig.

Gesichtslesen

Das Gesichtslesen ist eine sehr alte Methode der Hellseher, die auf Jahrtausende alte Erfahrungen zurückblicken kann. Genauso wie die mit ihr verwandte Methode des Handlesens weist das Gesichtslesen auf den Zusammenhang zwischen bestimmten äußeren Merkmalen und dem Charakter oder dem Schicksal eines Menschen hin.

Die Wissenschaft, die sich mit dem Zusammenhang zwischen der Form des Schädels und der Psyche beschäftigt, nennt man **Frenologie**.
Die Lehre, die sich mit Zusammenhängen zwischen der Gesichtsform, der Psyche und den Angewohntheiten des Menschen beschäftigt, nennt man **Physiognomik**.

Ich möchte im folgenden Kapitel dieses Buches mehr darüber berichten, so dass Sie sich selbst und Ihre Mitmenschen analysieren können. Probieren Sie es aus, Sie werden feststellen: Es macht riesigen Spaß!

Vorab eine wichtige Grundregel:
Wenn Sie Gesicht, Schädel, Hände, Ohren oder andere Körperteile zwecks Charakter- oder Schicksalsdeutung analysieren, sollten Sie Folgendes beachten:

Bei einer Frau stellt sich die linke Seite des Körpers als günstige Seite, bei einem Mann die rechte Seite des Körpers als besonders aussagekräftig dar. Deshalb wird beispielsweise die rechte Hand eines Mannes mehr Aufschluss geben als die linke, und es ist wichtiger, sein rechtes Ohr zu betrachten als das linke. Da die linke Seite der Frau die gute Seite ist, sind die Informationen aus der linken Seite positiv zu bewerten. Zum Beispiel: Eine Frau hat ein Muttermal, das sich an der linken Wange befindet. Dies kann bedeuten, dass sie eine gute karmische Aufgabe hat, bei der sie in ihrem derzeitigen Leben nicht viel leiden muss. Umgekehrt lässt ein Muttermal auf der rechten Seite auf viel Leid schließen.

✳

Der Schädel

Der Kopf sollte generell proportional zum übrigen Körper passen, er sollte also nicht zu groß und nicht zu klein sein, denn dann handelt es sich aller Wahrscheinlichkeit nach um einen Menschen, der meist harmonisch und ausgewogen ist. Da die Schädelgröße allein aber natürlich noch keinen verlässlichen Hinweis gibt, will ich Ihnen nachfolgend die verschiedenen Kopfformen, die eine große Rolle bei der Einschätzung eines Menschen spielen, erläutern.

✳

Schädelformen

Man unterscheidet zwischen:

- Die **Pyramidenform**, bei der der Kopf einer Pyramide ähnelt, d. h. sehr breit und nicht proportional geformt ist, sieht man oft bei Menschen, die psychisch instabil sind.

- Ein **zu großer Kopf** weist auf einen dickschädeligen und nicht immer rational denkenden Menschen hin, der in seinem Leben zu wenig träumt und sehr oft materiell eingestellt ist.
- Ein **sehr kleiner Kopf** deutet auf einen abgegrenzten und wenig klugen Menschen hin. Ein solcher Mensch kann zudem sehr nervös und kompromisslos sein.
- Ein **langer Kopf**, wie bei einem "Alien", weist auf Sturheit, Egoismus und Dominanz hin.
- Ein **sehr runder Kopf** deutet auf wenig Energie hin.
- Ein **sehr eckiger Kopf** dagegen bedeutet viel Energie.
- Ein **breiter Kopf** deutet auf sehr viel taktisches Geschick hin.
- Ein **sehr langer Kopf** deutet auf einen klugen, spirituell denkenden Menschen hin.

Man kann den Schädel zudem in mehrere Abschnitte aufteilen, wobei die Abschnitte von unterschiedlicher Größe und Form sind. Jede dieser Stellen hat eine spezielle Bedeutung, d. h. einige Stellen des Schädels, verschiedene Knochen beispielsweise, die etwas hervorstehen oder auch Dellen bilden können, verraten viel über den Menschen.

Generell gilt: Wenn eine Stelle oder ein Knochen am Kopf hervorsteht und einen Höcker bildet, ist bei diesem Menschen die unten beschriebene Qualität stark ausgeprägt. Wenn eine Stelle dagegen eine Delle zeigt, hat der Mensch sehr wenig von der unten beschriebenen Qualität aufzuweisen.

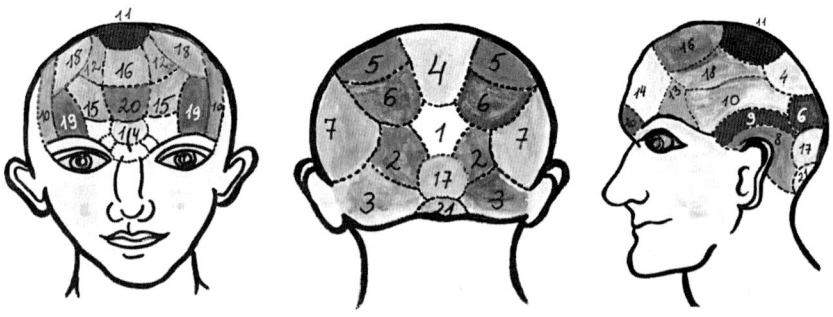

Die wichtigsten 21 Schädelabschnitte und deren Bedeutung:

1. Stelle der **Angst**, je größer, desto ängstlicher
2. Stelle der **Katastrophen**, je größer, desto mehr gefährdet
3. Stelle der **Intuition**, je größer, desto intuitiver
4. Stelle des **Okkultismus**, je größer, desto hellfühliger
5. Stelle der **Ethik und der Gerechtigkeit**, je größer, desto gerechter
6. Stelle der **Teamarbeit**, je kleiner, desto selbstständiger
7. Stelle der **Autorität**, je kleiner, desto weniger Autoritäten braucht man
8. Stelle der **Hellsicht**, je größer, desto hellsichtiger
9. Stelle der **Vorstellungskraft**, je größer, desto fantasievoller
10. Stelle des **Materialismus'**, je größer, desto gieriger und geiziger
11. Stelle der **Gutmütigkeit**, je größer, desto gutmütiger
12. Stelle der **Unterordnung**, je größer, desto mehr Opferbereitschaft
13. Stelle des **Stolzes**, je größer, desto mehr Stolz und desto schwieriger ist das Karma
14. Stelle der **Ironie** und des **Bösen** (besonderes ausgeprägt bei Affen)
15. Stelle der **Weisheit**, je größer, desto älter ist die Seele
16. Stelle der **Freiheitsliebe**, je größer, desto mehr Freiheit braucht man
17. Stelle der **sexuellen Lust**, je größer, desto potenter
18. Stelle der **Informationsaufnahme**, je größer, desto mehr Kontakt zur Außenwelt
19. Stelle der **Spiritualität**, je größer, desto spiritueller
20. Stelle des **Traumes**, Fantasie, je größer, desto mehr Träumer
21. Stelle der **Magie**, je größer, desto begabter

Abschließend können wir noch die Halshaltung analysieren, denn auch sie sagt viel über die seelische Situation einer Person aus: Hält sie den Kopf hoch, ist sie ein selbstbewusster Mensch; hält die Person den Kopf aber nach unten, ist sie jemand, der mit Problemen zu kämpfen hat und evtl. auch ängstlich ist.

Gesichtsformen

Viereckiges Gesicht

Diese Menschen sind energisch, dickköpfig, haben einen starken Charakter, sind mathematisch begabt und skeptisch.

Ovales Gesicht

Diese Menschen sind sehr feinfühlig, beweglich und hartnäckig; sie haben viele Ideen und wirken dadurch romantisch, sind jedoch oft unpraktisch.

Rundes Gesicht

Diese Menschen sind energisch, herzlich, hellfühlig, offen und realistisch. Sie haben sehr viel Initiative, Gefühl und einen starken Bewegungsdrang.

Dreieckiges Gesicht

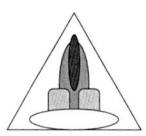
Dieser Typ hat viel Fantasie, ist sensibel, schlau und vorsichtig, aber auch launisch. Menschen mit dieser Kopfform lügen oft; sie können gut reden und sind reiselustig.

Konusförmiges Gesicht

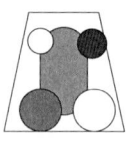
Dieser Typ ist sehr klug, lustig, realistisch und praktisch. Er hat allerdings wenig Fantasie, ist eher konservativ, egoistisch, liebt den Komfort und genießt das Leben.

Die Stirn

Man unterscheidet zwischen:

Gewölbter Stirn:

Menschen mit einer gewölbten Stirn sind zwar vorsichtig, aber auch lustig und lebensbejahend.

Gerader Stirn:

Menschen mit einer geraden Stirn haben viel Gefühl, sind gutmütig und helfen gerne allen anderen Menschen.

Ungerader Stirn:

Menschen mit einer ungeraden Stirn haben viele Ideen und einen guten Geschmack.

Generell gilt:

Je breiter die Stirn, desto analytischer und klüger ist der Mensch.

Je kürzer die Stirn, desto dickköpfiger und sturer ist der Mensch.

Menschen, deren Stirn viele kleine Dellen und Beulen oder Knötchen aufweist, sind sehr arbeitswillig, energisch und eigensinnig.

Wenn nur eine Falte vorhanden ist, deutet das auf jemanden hin, der anderen immer wieder die eigenen Ideen aufdrängen will.

∗

Das Ohr

Die Chinesen wenden das "Ohrlesen" seit tausenden von Jahren an. Das Ohr sieht wie ein Embryo aus und soll den menschlichen Körper darstellen.

Ein Ohr verrät viel über karmische Aufgaben, die das Individuum aus seinem Vorleben mitgebracht hat, sowie auch viel über sein Schicksal. Ohren verändern ihre Form bis zum 15. Lebensjahr und lassen deswegen auch Rückschlüsse auf einzelne Abschnitte aus der Kindheit zu.

Folgende Merkmale sind zu beachten:

- Liegt der oberste Teil des Ohres oberhalb der Augenbrauenkante, ist der Mensch intellektuell und hat die Aufgabe, die Menschheit zu führen.

- Liegt der oberste Teil des Ohres auf Höhe der Augenbrauenkante, ist der Mensch durch eigene Initiative zwar erfolgreich, muss aber in seinem Leben alles "durchboxen".

- Liegt der oberste Teil des Ohres unterhalb der Höhe der Augenbrauenkante, sollte der Mensch immer geführt werden. Diese Menschen müssen im Leben viel kämpfen.

- Je größer die Ohren sind (sie müssen aber zum ganzen Gesicht passen), umso besser ist das. Denn das Ohr ist wie eine Antenne nach außen; durch das Ohr empfängt man viele Energien aus dem Universum. Sind die Ohren zu klein, hat man daher zu wenig Kontakt zur Außenwelt und ist auf sich alleine gestellt.

- Menschen, die dünne Ohren haben, sind risikofreudig, aber auch oft einsam.

- Menschen, die dicke, fleischige Ohren haben, sind kommunikativ und freundlich.

- So genannte "Teufelsohren", also Ohren, die an der Oberkante spitz zulaufen, deuten auf einen sturen, machtgierigen Menschen hin.

- Der äußere Rand des Ohres selbst weist immer auf die innere Welt des Menschen hin. Hat dieser Rand nun irgendwelche Defekte, ist er zu schmal oder wellig, oder sieht er wie ein Blumenkohl aus, lässt dies auf einen schwachen Charakter, Selbstzweifel und wenig Durchsetzungsvermögen schließen. Diese Menschen müssen sich in ihrem Leben alles erkämpfen.

- Deutlich ausgeprägte Ohrläppchen deuten immer auf Harmonie mit der Außenwelt hin. Je länger die Ohrläppchen sind, desto weiser ist der Mensch. Ein gutes Beispiel hierfür ist der Dalai Lama.

- Muttermale in der Ohrmuschel deuten auf karmische Ziele hin. Schwarze Muttermale können jedoch Leiden aufzeigen. (Beachten Sie hier bitte auch meine Ausführungen zu den Unterschieden bei Männern und Frauen auf Seite 139.)

Die Augen

Die Augen sind der "Spiegel der Seele", man sagt sogar, dass die Seele die frühere Augenfarbe in das heutige Leben mitnehmen kann. Bei einer Analyse des Charakters und des Schicksals einer Person sollte man daher besonders auf die Augen achten, denn sie sagen viel über die Person aus.

Schauen Sie sich die Augen des Menschen ganz genau an. Welches Auge ist größer? Oder sind beide Augen gleich groß? Wenn die Größe gleich ist, lebt der Mensch in Harmonie. Er ist ausgeglichen und kann die eigenen Energien gut verteilen. Er ist zudem in der Lage, etwas zu geben und kann genauso gut einiges aufnehmen.

Wenden Sie bei der Analyse der Augen für Männer und Frauen wieder die Grundregel an, die Sie bereits weiter oben kennen gelernt haben: Das rechte Auge bei einem Mann ist "gut", das linke dagegen "böse"; bei einer Frau verhält es sich umgekehrt. Wenn das linke Auge einer Frau oder das rechte eines Mannes also größer ist, so ist diese Person eine Spendernatur, d. h. sie kann viel mehr Energie geben als nehmen. Sollte es andersherum aussehen, braucht die Person sehr viel Energie. Sie kann Energien auch regelrecht "aufsaugen", und ist der Größenunterschied der beiden Augen erheblich, kann dieser Mensch sogar zu einem richtigen "Energievampir" werden. Überdies kann er zu Lügen neigen oder egoistisch sein.

Augenformen:

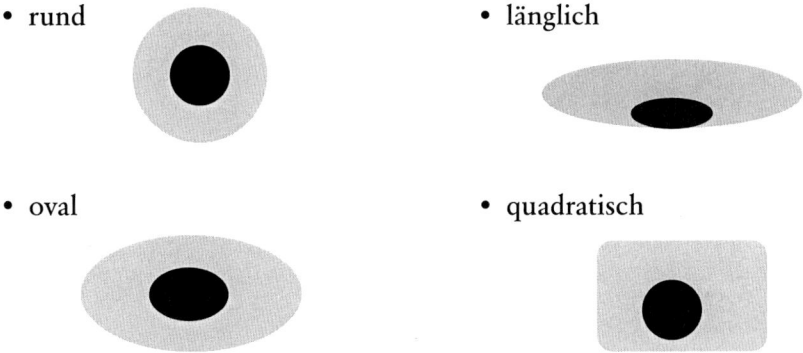

- rund
- länglich
- oval
- quadratisch

- dreieckig

Dabei gilt:

- Ein rundes Auge steht für einen Philosophen, dieser Mensch hat Ideen.
- Je länglicher das Auge geformt ist, desto zurückhaltender ist der Mensch.
- Ovale Augen deuten auf eine harmonische Natur hin.
- Eher quadratische Augen lassen auf Dickköpfigkeit und Sturheit schließen.
- Ein dreieckiges Auge zeigt uns einen traurigen Menschen, der mit seiner Umwelt nicht immer zurecht kommt.

Die Chinesen unterscheiden über 40 Augentypen, wovon ich Ihnen hier nur die wichtigsten präsentieren möchte:

Augentyp und Merkmale

Augentyp	Merkmale
Phönixaugen	Länglich, glänzend, mit doppelten Augenliedern. Viele Führungspersönlichkeiten und Künstler haben solche Augen.
Drachenaugen	Groß, halboffen, autoritär. Viele Politiker haben diese Augenform.
Katzenaugen	Gelblich, sexy, anziehend, wie bei einer Katze.
Wolfsaugen	Kleine Augenpupille, viel Augenweiß. Solche Augen haben sehr verletzende Menschen.
Lammaugen	Große Augenpupille, Oberlider haben viele Falten. Solche Menschen sind opferbereit und haben Selbstzweifel.

Augentyp	Merkmale
Tigeraugen	Rund, gelblich, glänzend. Menschen von charakterlicher Stärke verfügen über solche Augen.
Schlangenaugen	Sehr kleine Pupillen, viel Augenweiß. Hier trifft man auf viele rachsüchtige Menschen.
Hühneraugen	Rund, erinnern an ein Rad, meist helle Augenfarbe. Diese Menschen sind gute Zuhörer.
Fischaugen	Oberlider verdecken fast die Hälfte des Auges. Solche Augen haben Menschen mit starkem sexuellem Trieb.
Pferdeaugen	Dreieckig, treuherzig, etwas enttäuscht. Diese Menschen sind echte Freunde, können aber auch launisch sein.
Krebsaugen	Augapfel zu stark ausgeprägt, wie bei einem Fisch. Solche Menschen denken vorwiegend rational.
Elefantenaugen	Lang, mit sehr faltigen Liedern. Solche Augen haben meist sehr temperamentvolle Menschen.

Die Augenfarbe

Die Farbe der Augen spielt ebenfalls eine große Rolle, und sie verrät sehr viel über den Menschen.

Man unterscheidet:

- blaue Augen
- grüne Augen
- graue Augen
- braune Augen
- schwarze Augen

sowie die Mischfarben

- grau-braune Augen
- grau-grün-braune Augen
- grün-braune Augen
- blau-grüne Augen

Blaue Augen:

Menschen mit blauen Augen sind opferbereit und zudem sehr sensibel. Sie neigen öfter als dunkeläugige Menschen zu Allergien.

Grüne Augen:

Menschen, die grüne Augen haben, sind selbstbewusst, können sich aber nicht immer mit der Außenwelt identifizieren. Sie sind auch arbeitswillig, wofür sie geschätzt werden.

Graue Augen:

Menschen mit grauen Augen sind sehr gefühlvoll, brauchen viel Zuneigung und können nicht alleine leben.

Braune Augen:

Menschen mit braunen Augen haben eine sehr starke Anziehungskraft und fallen anderen leicht auf. Sie strahlen viel Charisma aus und sind leidenschaftlich.

Schwarze Augen:

Menschen mit schwarzen Augen haben viele Ideen, sind meistens temperamentvoll und schätzen ihre Mitmenschen.

Grau-braune Augen:

Menschen mit solchen Augen tragen viel Widerspruch in sich und haben einen sehr schwierigen Charakter. Sie führen ein turbulentes Leben und werden sehr oft enttäuscht. Geduld ist zudem nicht ihre Stärke.

Grau-grün-braune Augen:
Menschen mit solchen Augen haben sehr viel Energie, sind jedoch zaghaft und schüchtern. Sie sind sehr oft mit sich selbst unzufrieden.

Grün-braune Augen:
Diese Menschen denken philosophisch, sie analysieren sehr viel und treffen nur sehr schwer Entscheidungen. Sie sind in der Regel sehr beliebt bei anderen Menschen.

Blau-grüne Augen:
Diese Menschen sind Lebenskünstler und können sich gut an ihre Umwelt anpassen. Sie sind sensibel und arbeiten meist zu viel, d. h. das Berufsleben hat immer oberste Priorität.

Augenbrauen

Folgende Merkmale sollten Sie bei der Augenbrauenanalyse beachten:

- Zusammengewachsene Augenbrauen deuten auf einen Menschen hin, der sich opfern kann. Er kann seine Energien gut verteilen.

- Je näher die Augenbrauen zum Auge stehen, desto sympathischer wirkt die Person auf uns – und in den meisten Fällen sind diese Menschen auch tatsächlich angenehme Zeitgenossen.

- Je gerader die Augenbrauen sind, desto umgänglicher ist der Mensch, wenn wir uns mit ihm unterhalten.

✳

Die Nase

Die Nase symbolisiert den Willen und die sexuelle Energie, die einem Menschen eigen ist. Eine schiefe Nase, die mehr zu einer Seite zeigt, hat oft karmische Ursachen. Auch wenn eine Nase nachträglich, z. B. durch einen Bruch, schief wächst, können Veränderungen im Leben eintreten.

Man unterscheidet zwischen folgenden Nasenformen:

- Eine gerade Nase, eine so genannte griechische Nase, deutet auf Geradlinigkeit der Gedanken, auf klare Gedanken und ein großes Energiepotenzial hin.
- Eine römische Nase, die ein Höckerchen hat, deutet auf einen Menschen hin, der oft explodieren und aggressiv reagieren kann.
- Zu große Nasenflügel deuten auf viel Starrsinn hin.
- Eine kleine Nase kennzeichnet immer einen ruhigen Charakter. Dieser Mensch versucht sich zu verteidigen, es mangelt ihm aber an Selbstwertgefühl.
- Eine große Nase zeigt, dass ein großes Energiepotenzial vorhanden ist.
- Wenn die Nasenspitze nach unten zeigt, ist diese Person ein denkender Mensch, der sich aber nicht immer konzentrieren kann und stets viel Zeit braucht, um sich zu entscheiden.
- Wenn die Nasenspitze nach oben zeigt, ist der Mensch eher leichtsinnig.
- Eine spitze Nase zeigt uns einen intelligenten Menschen.

✳

Der Mund

Der Mund sagt uns viel über die emotionale Welt des Individuums. Achten Sie auf Folgendes:

- Ein gerader Mund, ohne Winkel und Ähnliches, zeigt uns einen sehr lieben und offenen Menschen.
- Wenn die Mundwinkel nach unten zeigen, so ist die Person pessimistisch und glaubt wenig an die Liebe.
- Wenn die untere Lippe doppelt so groß ist wie die Oberlippe, ist der Mensch sehr gefühlvoll. Solche Personen sind aber auch machtgierig und ich bezogen. Sie wollen zwar lieben - aber noch mehr geliebt werden.
- Sollte es umgekehrt sein, dass also die Oberlippe doppelt so groß ist wie die Unterlippe, lässt das auf viel Hinterhältigkeit und Hysterie schließen.

- Wenn beide Lippen gleich dick sind, ist der Mensch gutmütig und beschenkt andere Menschen gerne.
- Wenn beide Lippen schmal sind, ist der Mensch oft unzufrieden, kann böse sein und schätzt insbesondere die eigene Unabhängigkeit.
- Ein zu kleiner Mund kennzeichnet einen kleinlichen oder gar pedantischen Menschen.

*

Muttermale & Co

Muttermale sind Informationsträger und haben direkt mit unserem Karma zu tun. Man unterscheidet drei verschiedene Muttermaltypen:

- Dunkel (Saturneinfluss): Diese Muttermale sind schicksalhaft und deuten auf karmische Probleme hin, die man bewältigen sollte.
- Rot (Jupitereinfluss): Diese Muttermale deuten auf neue Ideen, religiöse und spirituelle Werte hin. Wenn man eine spirituelle Entwicklung durchmacht, bilden sich oft neue solcher Muttermale.
- Hell (Venuseinfluss): Diese Muttermale zeigen die allgemeine Entwicklung des Individuums und seine Kontakte mit der Außenwelt.

Auch hier sollten Sie die Grundregel nicht vergessen: Bei einer Frau stellt sich die linke Seite des Körpers als gute, günstige Seite dar, bei einem Mann ist es die rechte Seite des Körpers.

Die Muttermale sollten generell nicht entfernt werden, da dieses Vorgehen den Lebensweg des Menschen verändern kann. Eine Ausnahme bilden hier natürlich krankhafte Veränderungen der Haut.

Wenn ein Muttermal ein Haar hat, wirkt dieses wie eine Antenne. Es bringt Glück und eine schnellere Bewältigung vieler Probleme. Man kann sich demnach glücklich schätzen, wenn man ein Muttermal mit einem Haar hat. Und allgemein gilt: Je behaarter der Mensch, desto mehr Kosmoskontakt hat er.

Bilden mehrere Muttermale z. B. ein Dreieck oder einen Kreis, kann davon ausgegangen werden, dass man es hier mit einem auserwählten Menschen zu tun hat. Wenn mehrere Muttermale die Form eines Kreuzes oder Quadrates bilden, ist das allerdings ein Zeichen für Leiden.

Warzen sind ebenfalls "Boten", die ähnlich wie Muttermale etwas mitzuteilen haben. Hier geht es aber meist um vorübergehende Problemlösungen. Auch Pickel und Furunkel zeigen, dass der Mensch sich in einer angespannten Situation oder gar Krise befindet. Sommersprossen dagegen zeigen einen Energieabfluss an und begleiten den Menschen meist lebenslang ...

Die Deutung der inneren Welten

Traumdeutung

Beim Traumdeuten werden nicht nur die eigenen Träume gedeutet, sondern auch die Träume und Symbole anderer Menschen.
Unser Gehirn arbeitet auch im Schlaf und gibt uns viele Informationen an die Hand, wobei wir unterscheiden müssen zwischen "Wahrträumen", die genau anzeigen, was passieren wird, und "unwahren Träumen", in denen wir lediglich unsere Alltagserlebnisse verarbeiten.
Es macht Spaß, mit Träumen zu arbeiten - und vielfach sind präzise gedeutete Träume zudem eine große Hilfe, um mit bestimmten Situationen besser umgehen zu können.

Wenn Sie mehr zu dem Thema wissen wollen, greifen Sie am besten zu einem umfassenden Traumdeutungsbuch. Hier nur ein kleiner Auszug aus meiner persönlichen Erfahrung, was Träume bedeuten können (bitte beachten Sie aber, dass Traumsymbole stets sehr individuell sind und nicht unbedingt bei jedem Menschen die gleiche Bedeutung haben müssen!):

- sauberes Wasser - Glück erleben
- dreckiges Wasser - krank werden; emotionale Probleme (Wasser = Gefühlswelt)
- mit Wasser waschen - sich freuen
- Wasserausgießen oder jemanden mit Wasser bespritzen - Verluste erleben
- Meer, Strand oder ein großer See - deutet auf eine Urlaubsreise hin
- tauchen im Wasser - bedeutet Risiko; Warnung
- Gewitter - es lauern Probleme
- Sterne - eine neue Liebe kennen lernen
- fliegen im Traum - wachsen, größer werden, geheilt werden
- Wald - deutet auf einen Auslandsaufenthalt oder eine Reise hin
- sterben im Traum - lange leben; Veränderung einer Lebenssituation
- Hund - Geschenk, Freund
- Schmetterling - Flirt, Abenteuer erleben
- Spinne - gute Entwicklung im Geschäft, kommendes Glück
- Bienen - Gewinne
- Ameisen - bald kommt Geld ins Haus
- sich nackt sehen - aufpassen auf Gesundheit, deutet auf eine Erkrankung hin; sich schutzlos fühlen
- Engel - Schutz genießen
- Glas oder Spiegel, sich darin sehen - Erschrecken, Enttäuschung erleben; möglicherweise falsches Selbstbild
- Bäume oder auf Bäume klettern - neue Liebe kennen lernen
- laufen im Traum - deutet auf Geldmangel, psychische Probleme hin
- im Flugzeug fliegen - Erfüllung der Wünsche
- Sex haben - Sehnsucht haben
- Armut - reich werden
- Atemnot haben - Veränderungen und Erfolge werden bald eintreten

Bei der Traumdeutungsarbeit sollte man überdies Folgendes beachten:

Am 2., 5., 6., 16., 17., 21., 24., 25., 27. und 31. jeden Monats werden Träume schnell in Erfüllung gehen.

Am 3. und 10. jeden Monats werden Träume in den nächsten 20 Tagen, am 13. jeden Monats in den nächsten 15 Tagen sowie am 19. und 30. jeden Monats wiederum in den nächsten 20 Tagen wahr werden.

Träume am 1., 4., 7. oder 26. jeden Monats bringen nichts Gutes.

Träume am 31., 20., 21. oder 18. jeden Monats bringen dagegen immer etwas Angenehmes mit sich.

✳

Energiebilder

Viele von Ihnen haben bestimmt schon den Ausdruck "Energiebild" gehört. Was sind das für Bilder? Was tun sie, und wozu sind sie gut?

Energiebilder sind von einem Medium intuitiv gemalte Bilder und kommen in Trance zustande. Seit meinem 17. Lebensjahr male auch ich solche Bilder. Beim Malen verwende ich keine Vorlagen, die Bilder werden vielmehr bei Meditationen aus meinem Unterbewusstsein geliefert.
Es können verschiedene Figuren, Formen sowie auch die Farben gewählt werden. Das passiert meistens automatisch. Der Künstler kann solche Bilder auch für eine bestimmte Person malen, indem er die Energie dieser Person empfängt und in einem Bild umsetzt, weshalb jedes Bild ein Unikat ist. Man findet beim Betrachten auch immer wieder etwas Neues.
Die Kombinationen von Figuren und Farben machen es möglich, viele Ereignisse im Leben zu beeinflussen. Zum Beispiel: Energien aufzuladen oder sogar Schmerzen zu lindern. Energiebilder können Ihr Leben positiv beeinflussen und bieten einen Ausgleich für die Seele. Sie schützen Ihre persönliche Energie und Ihre Aura.

Versuchen auch Sie einmal zu malen – jeder Mensch kann es. Es geht hierbei nicht um die Genauigkeit oder Professionalität der Bilder, sondern Malen ist in diesem Fall mehr eine Möglichkeit, Ihr Innenleben sichtbar werden zu lassen. Entspannen Sie sich, und versuchen Sie zu meditieren. Wenn Sie vollkommen entspannt sind, fangen Sie an zu malen. Konzentrieren Sie sich gar nicht auf Ihre Hände oder auf das, was Sie malen, sondern versuchen Sie, Ihren Kopf frei zu halten. Die Figuren entstehen von allein. Bei der Energiemalerei erkennt man ohnehin erst später verborgene Bilder in den Gemälden.

Hier einige Beispiele für solche Energiebilder.

Noch mehr Bilder finden Sie auf meiner Homepage (www.VadimTschenze.de).

Kapitel 5

Engelwelten

$$***\text{❋}***$$

Kontakt zu Ihrem Engel

Engel sind die Boten Gottes – und Kommunikation mit Engeln ist immer möglich, denn sie sind stets um uns herum. Um einen Kontakt zu den Engeln herzustellen, bedarf es eines Mediums. Das sind besonders begabte Personen, die in Kontakt mit einem oder mehreren Engeln treten können. Es gibt dabei Menschen, die sogar ständig und ununterbrochen Kontakt zu Engeln haben. Sie können aber auch selbst den Versuch unternehmen, mit Engeln in Verbindung zu treten. Sie können zu jedem beliebigen Zeitpunkt mit Engeln durch Gedanken kommunizieren, ja sogar mit ihnen sprechen.

Anbei einige Affirmationen für Sie, die Ihnen den Kontakt erleichtern sollen:

Ich bin von Engeln umgeben und fühle mich gut.

Mein Leben ist harmonisch.

Ich strahle Liebe und gute Energie aus.

Die Engel lassen die Liebe über mir leuchten, und ich strahle.

Ich nehme die Liebe der Engel dankbar an.

Ich verdiene es, geliebt zu werden und glücklich zu sein.

Ich bitte Engel, mich zu führen, und ich höre auf meine innere Stimme.

Ich lasse mich lieben, ich lebe, ich bin Liebe und liebevoll.

Ich liebe alle Menschen und vergebe allen Menschen.

Ich sende allen Menschen Gottes Liebe.

✳ ✳ ✳ 🏵 ✳ ✳ ✳

Engelmeditation

An dieser Stelle erkläre ich Ihnen eine Form der Engelmeditation. Mit ihr werden Sie es leicht haben, mit Engeln in Kontakt zu treten. Doch zuvor möchte ich Ihnen einige grundlegende Dinge zu Meditationen erläutern, um Ihnen den Einstieg zu erleichtern.

Meditation ist eine Entspannungsmethode und ausgesprochen wichtig für den Geist und die Seele, damit diese sich entspannen und regenerieren können. Bei dieser Art der Entspannung spielt die Reinigung der Seele eine bedeutende Rolle. Bei einigen Meditationsmethoden ist man gar so entspannt, dass man sogar auf eine Astralreise geht, d. h. man tritt buchstäblich aus dem Körper heraus und schwebt in seiner Nähe.

Bei der Meditation beginnt man zunächst damit, eine Stellung zu finden, in der man sich im Gleichgewicht befindet. Dann atmet man rhythmisch, bis der Körper ruhig und der Geist still ist. Dieser Zustand sollte einige Minuten gehalten werden. Die einfachste Atemübung für die Anfänger ist:

1. Zuerst werden die Lungen geleert. Man verbleibt 10 Sekunden so.
2. Dann atmet man vollständig ein.
3. Man hält den Atem 10 Sekunden lang an.
4. Zum Schluss leert man die Lungen vollständig.

Zwischen den einzelnen Schritten kann man bis 3 oder 5 zählen. Die Übung führen Sie so lange durch, bis Sie sich ruhig fühlen, in der Regel dauert dies etwa 5 bis 10 Minuten. Anschließend beginnt die eigentliche Meditation.

Man stellt sich eine beliebige Umgebung vor und versucht, gedanklich mit dieser Umgebung zu verschmelzen. Man kann sich zum Beispiel nach der Entspannung vorstellen, das man ins Licht geht. Stellen Sie sich eine angenehme Umgebung und einen Lichtkörper vor. Dann versuchen Sie, sich auf dieses Licht zu konzentrieren. Gehen Sie langsam auf das Licht zu, und tauchen Sie in es ein. Entspannen Sie sich in diesem Licht, und denken Sie daran, dass das Licht Sie von allen negativen Energien befreit. Verschiedene Düfte nun können Sie bei einer Meditation unterstützen.

Zur Meditation empfehle ich:
eine Mischung aus Iris, Rose und Kampfer

Zur Konzentration empfehle ich:
Zitrone, Sandelholz und Myrrhen

Für den Mann empfehle ich:
Jasmin und Rose

Für die Frau empfehle ich:
Sandelholz und Pfeffer

Die Engelmeditation

Atmen Sie einige Male tief ein und aus. Stellen Sie sich vor, Sie atmen alle negativen Energien und alle Verspannungen, die Sie haben, aus. Lassen Sie Ihre Gedanken fließen, und vertrauen Sie auf die göttliche Kraft.

Nun gehen Sie mit Ihrer Aufmerksamkeit in Ihre Füße und lassen Wurzeln aus Ihren Füßen in die Erde wachsen. Sie spüren dabei, wie sich die Wurzeln in die Erde graben. Weiterhin sollten Sie versuchen, die Energie der Erde zu spüren. Nehmen Sie diese Energie auf. Saugen Sie sie in sich hinein, und visualisieren Sie diese Energie als weißes oder blaues Licht.

Denken Sie daran, dass Sie ein Medium zwischen Himmel und Erde sind, und versuchen Sie, die Engel nun gedanklich anzusprechen. Rufen Sie einen Schutzengel. Bitten Sie ihn, Sie zu führen. Dazu brauchen Sie nicht einmal einen Engelnamen auszusprechen. (Wenn Sie aber wissen möchten, wie Ihr Engel heißt, versuchen Sie den Namen in einem Traum zu erfahren. Denken Sie dazu vor dem Schlafengehen an den Engel, und bitten Sie ihn, seinen Namen im Traum zu nennen. Selbst Menschen, die sich früher nie mit Engelmeditation beschäftigt haben, können ihnen bis dahin unbekannte bzw. nie gehörte Engelnamen erfahren. Jeder Mensch hat mindestens drei Schutzengel um sich.)

Engel sind Lichtwesen, ich betrachte sie als eine Energieform. Sie können einen oder mehrere Engel um Hilfe bitten, in der gleichen Weise, wie Sie einen Freund bitten würden.

Nachstehend, in alphabetischer Reihenfolge, zähle ich Ihnen nur einige von hunderten von Engeln mit ihrer Bedeutung auf.

Die wichtigsten Engelnamen

Aalbiel:	Engel im Dienste des Erzengels Michael
Abariel:	Engel der Magie
Abel:	Die Seelen kommen in den Himmel und werden von Abel gerichtet. Er ist der Engel des vierten Himmels, der am Jüngsten Tag regiert.
Achaiah:	Engel der Geduld
Adnachiel:	Dieser Engel regiert das Sonnenzeichen, er gibt Schutz und Segen.
Afriel:	Engel des Lebens, er bringt uns Stärke und Vitalität.
Aftiel:	Engel der Dämmerung
Ahadiel:	Engel des Gesetzes
Akatriel:	Engel der öffentlichen Bekanntmachungen
Alimon:	Engel des Schutzes, er schützt vor Verletzungen
Amabiel:	Engel der Sexualität
Amatiel:	Engel des Frühlings
Ambriel:	Engel der Kommunikation. Er ist auch ein Schutzengel.
Anael:	Einer der 7 Engel der Schöpfung und auch ein Engel der Sexualität
Anauel:	Engel des Handels und des Reichtums
Bahram:	Der Siegesengel
Barakiel:	Engel des Erfolges
Barbiel:	Engel des Monats Oktober

A

B

Barchiel:	Engel des speziellen Schutzes
Bardiel:	Engel des Hagels
Barkiel:	Engel der Fröhlichkeit
Butator:	Engel des Planung
Cadmiel:	Engel, der mit dem Schicksal der Menschen verwoben ist
Camael:	Engel der Mächte
Caracasa:	Frühlingsengel
Cedar:	Engel, der den Süden regiert
Chamuel:	Engel der Erkenntnis
Chasan:	Engel der Lüfte
Cheriour:	"Schreckensengel"
Chosniel:	Dieser Engel ist zuständig für ein gutes Gedächtnis.
Derdekea:	Retterengel
Diniel:	Dieser Engel ist ein Amulettengel.
Djin:	Helfer des Erzengels Gabriel
Eiael:	Engel der okkulten Wissenschaften
Eirnilus:	Engel der Früchte
Elimiel:	Engel des Mondes
Enejie:	Engel des Siegels
Ezekiel:	Erzengel, der Engel des Todes und der Transformation
Favardin:	Engel des Monats März
Gabriel:	Er ist der Engel der Offenbarung, er regiert das Paradies.
Gedariah:	Engel des dritten Himmels
Geno:	Engel der Mächte
Gradiel:	Engel des Planeten Mars
Habbiel:	Engel für treue Liebe und Romantik
Hadakiel:	Engel des Sternzeichens Waage
Hamied:	Engel der Wunder
Hannuel:	Engel des Sternzeichens Steinbock

Hasmed:	Engel der Vernichtung
Heiglot:	Engel der Schneestürme
Jehuel:	Prinz des Feuers
Jeu:	der große Engel, Aufseher des Lichtes und Ordner im Kosmos
Kabshiel:	Engel der Anmut und Macht
Kakabel:	Engel der Sternenbilder
Kemiel:	Engel, der bei der Geburt gerufen wird
Kerub:	Engel der Weisheit
Kmiel:	Engel des Sommers
Labezerin:	Engel des Erfolges
Lecabel:	Engel der Landwirtschaft
Lelahel:	Engel der Liebe, Kunst, Wissenschaft
Leliel:	Engel der Nacht
Lepha:	Engel des Siegels
Mael:	Engel des Wassers
Maktiel:	Engel der Bäume
Manakel:	Engel der Wassertiere
Mebahiah:	Engel der Moral und Religion
Mehiel:	Engel der Schriftsteller
Meriarijim:	Engel der Nacht
Messiach:	Engel der Beschwörung
Metatron:	Prinz der abgesandten Engel
Micah:	Engel der spirituellen Entwicklung
Michael:	Erzengel, Befreier der Gläubigen
Mihr:	Engel der Freundschaft und Liebe
Morael:	Engel der Furcht
Mordad:	Engel des Todes
Mumiah:	Engel der Medizin
Muriel:	Engel des Monats Juni

J

K

L

M

Nahaliel:	Engel der Flüsse
Naoutha:	Engel des Südwestens
Natiel:	Dieser Engel hat die Macht, das Böse abzuwehren.
Nemamiah:	Engel der Tiere und Kinder
Ofaniel:	Engel des Mondrades
Olinda:	Engel des Eigentums
Omeliel:	Engel aller Geister
Ophiel:	Engel der Meditation und der tiefen Spiritualität
Oranir:	Engel gegen den bösen Blick
Oriares:	Engel des Winters
Panci:	Ein "hochreiner Engel"
Paniel:	Engel der Abwehr des Bösen
Patteny:	Helferengel bei Ritualen
Phaldor:	Engel der Orakel
Phanuel:	Erzengel der Hoffnung
Pharzuph:	Engel der sinnlichen Freuden
Qafsiel:	Dieser Engel regiert den Mond
Rachiel:	Beschützer der Liebe
Raphael:	Erzengel Raphael ist ein Engel der Heilung. Er beschützt uns auch auf Reisen.
Rasiel:	Ein Engel der Weisheit.
Rehetiel:	Unterstützer alles Neuen und jeglicher Veränderungen.
Rhamiel:	Engel Rhamiel schenkt uns Trost und Zuversicht.
Sabtiel:	Engel der alten Quellen.
Sailiel:	Engel Sailiel beschützt Menschen in der Dunkelheit. und führt sie sicher durch die Nacht.
Saitel:	Er ist der Engel des Vertrauens.
Samandriel:	Er ist der Beschützer des Lebens.
Samuel:	Er sorgt dafür, dass wir im Gleichgewicht bleiben.
Sarakiel:	Ein Engel der Heilung.

Schimschiel:	Der Engel des Tages.
Seraphel:	Dieser Engel unterstützt die Kreativität.
Shariel:	Ein Engel, der uns Energie schenkt.
Shemael:	Er ist der Engel der Dankbarkeit.
Stamiel:	Engel Stamiel schenkt uns Glück und Erfolg.
Tahariel:	Dieser Engel schafft Klarheit.
Tanael:	Er ist der Beschützer der Kinder.
Tardoe:	Tardoe ist der Engel der Künstler und Schriftsteller.
Tattwaiel:	Dieser Engel schenkt Harmonie und Lebensfreude.
Ugali:	Der Engel der Weisheit.
Uriel:	Erzengel, er schenkt Trost und Frieden.
Uzziel o. Usiel:	Der Engel der Winde.
Yeliel:	Ein Engel der Kommunikation.
Ysquiron:	Der Engel der Gerechtigkeit und der Barmherzigkeit.
Yurkemi:	Ein Engel des Mitgefühls.
Zaafiel:	Der Engel des Regens.
Zadkiel:	Erzengel Zadkiel unterstützt die Transformation.
Zaphkiel:	Ein Engel der Meditation und der Entspannung.
Zikiel:	Der Engel der Sternschnuppen.

Kapitel 6

Mondkalender

Allgemeines

Schon unsere Vorfahren haben nach dem Mond gelebt, da sie wussten, dass er uns und die ganze Natur beeinflusst, auch wenn wir das nicht immer merken. Wir selbst sind winzige Teile dieser Natur und, wenn wir gesund und glücklich sein möchten, sollten wir auch nach den Naturgesetzen leben.

Ein hilfreiches Mittel, um sich nach dem Mond ausrichten zu können, ist ein *Mondkalender*, denn der Mond beeinflusst sehr viele Geschehnisse auf unserem Planeten:

- den Meeresspiegel
- Wetterveränderungen
- die Regelblutungen bei Frauen, Schwangerschaft und Geburtsverlauf
- das Verhalten von Tieren
- die Effektivität verschiedener Vorgänge im Alltag hängt ebenfalls vom Mondstand ab: Haare schneiden, Nägel schneiden, Arbeit im Garten oder Ähnliches ist verschieden erfolgreich an den einzelnen Mondtagen.
- Operationserfolge und die Heilungsphasen hängen auch vom Mond ab, denn es gibt gute und schlechte Operationstage.

Der Mond umrundet die Erde in einem Mondmonat, somit entstehen vier Impulse, die als **Mondphasen** bezeichnet werden:

- Der Neumond kommt alle 28 Tage und dauert 1 Tag lang. In einem Mondkalender wird dieser so gekennzeichnet: ●
- Der zunehmende Mond dauert 2 Wochen an. Das Symbol des zunehmenden Mondes im Mondkalender ist: ☽
- Der Vollmond dauert nur 1 Tag und wird im Mondkalender mit diesem Zeichen deutlich gemacht: ○

- Der abnehmende Mond dauert wiederum 2 Wochen an. Im Mondkalender wird dieser so gekennzeichnet: ☾

Daneben gibt ein Mondkalender auch immer den aktuellen Stand des Mondes in den Tierkreiszeichen an, wobei der Mond in einem Monat die ganzen 12 Häuser durchwandert.

Neumond (1. Phase)

Der Neumond hat besondere Kräfte. In dieser Phase wird alles gereinigt – Körper und Seele. Am Neumond sollte man sich auch entschlacken, einen oder mehrere vegetarische Tage einlegen oder mit dem Fasten anfangen. Sie können in dieser Zeit auch wunderbar mit einer Raucherentwöhnung beginnen. Wenn Sie Bäume beschneiden möchten, tun Sie es nur am Neumond, denn so wachsen sie besser.

Zunehmender Mond (2. Phase)

Bei zunehmendem Mond sollten Sie keine Operationen planen, wenn Sie es vermeiden können. Merken Sie sich: Je näher zum Vollmond, desto schlechter und komplizierter verläuft eine OP. Auch Wäsche zu waschen ist in dieser Zeit nicht empfehlenswert, da man mehr Waschmittel verbraucht als sonst.

Vollmond (3. Phase)

In dieser Phase schmerzen und bluten Wunden stärker. Bei Vollmond gibt es auch viel mehr Unfälle, Verbrechen und Frühgeburten als sonst. Was gut gelingt, ist das Kräuter sammeln. Die Kräuter, die bei Vollmond gesammelt werden, haben zudem starke magische Wirkungen und halten länger. Beschneiden Sie am Vollmond aber keine Bäume!

Abnehmender Mond (4. Phase)

Bei abnehmendem Mond gehen Operationen meist gut aus. Bei abnehmendem Mond wird überdies der Stoffwechsel angeregt, man darf also mehr essen und nimmt nicht so schnell zu. Im Garten können Sie die Aussaat von Wurzelpflanzen starten. Sie dürfen in dieser Phase aber keine Bäume gießen.

Der Mond in den Sternzeichen

Jedem Sternbild sind verschiedene Organe zugeordnet. So gehört zum Beispiel das Herz zum Löwen, und die Leber wird dem Krebs zugeordnet. Heilung und Prophylaxe der Organe sollten deshalb an den Tagen durchgeführt werden, an denen der Mond in dem zugeordneten Sternzeichen steht, z. B. Lunge, Galle, Leber an Krebstagen, Herzbehandlungen an Löwetagen und alle Venenleiden an Wassermanntagen.

Nachstehend eine kurze Tabelle, damit Sie leichter mit dem Mondkalender arbeiten können. Sie erkennen hier die Schwachpunkte der Sternzeichen.

Mond im Zeichen	zugeordnetes Organ	Empfehlung
Widder	Kopf	viel Wasser trinken
Stier	Zähne	Zähne, Ohren schonen
Zwilling	Schulterpartie	Sport für Schulterpartie, Unterleib
Krebs	Magen	Magen schonen, Nerven schonen
Löwe	Herz	Herz schonen, nicht zu viele Aktivitäten

Mond im Zeichen	zugeordnetes Organ	Empfehlung
Jungfrau	Darm, Kreislauf	Diät halten, nichts Gebratenes essen
Waage	Nieren	Nieren schonen
Skorpion	Genitalien	Genitalien schützen
Schütze	Beine	Stress vermeiden
Steinbock	Knochen	Kompressen machen
Wassermann	Venen, Knie	Venen schonen, Beine hoch legen
Fische	Füße	Füße schonen (Wannenbäder), Warzen entfernen

Regeln, die Sie beachten sollten:

- *Überlastung der Organe:* Es ist gefährlich, die Organe an den Tagen zu überlasten, an denen der Mond durch das dem Organ zugeordnete Zeichen geht.

- *Keine Operationen:* Es werden keine Operationen empfohlen an Tagen, an denen der Mond durch ein Zeichen mit dem zugehörigen Organ geht.

- Bei zunehmendem Mond werden *Organe gestärkt.*

- Bei abnehmendem Mond werden *Organe gereinigt.*

- *Hausarbeiten* sollten bei abnehmendem Mond erledigt werden.

- *Haare* sollten nur bei Mond im Löwen oder in der Jungfrau geschnitten werden, so wachsen sie schneller.

- *Nägel* sollten bei zunehmendem Mond geschnitten werden, so wachsen sie besser.

- *Eingewachsene Nägel* sollten Sie bei abnehmendem Mond behandeln, so wachsen sie nicht so schnell nach.

- Intensive *Hautreinigung* sollte bei abnehmendem Mond erfolgen. Wenn Sie diesen Rat befolgen, haben Sie bald eine reine, glatte Haut.
- *Matratzen und Bettzeug* sollten Sie bei abnehmendem Mond lüften.
- *Massagen* sollten Sie bei zunehmendem Mond machen lassen.
- *Fenster sollten Sie reinigen*, wenn abnehmender Mond ist oder der Mond im Löwen, Wassermann, den Zwillingen oder im Schützen steht.
- *Schimmel entfernen* sollten Sie bei abnehmendem Mond oder wenn der Mond im Wassermann oder in der Waage steht.
- *Raucherentwöhnung* gelingt, wenn Sie diese bei Neumond beginnen.
- *Zähne* sollten Sie bei abnehmendem Mond behandeln lassen oder wenn der Mond in einem Luftzeichen (Zwillinge, Waage, Wassermann) steht.

Nach dem Mond leben – natürliche Rhythmen befolgen

1. Ernährung:

   Bei zunehmendem Mond nimmt man stärker zu, bei abnehmendem Mond nimmt man schneller ab. Was heißt das für Sie? Versuchen Sie bei zunehmendem Mond weniger Nahrung zu sich zu nehmen und auf Rohkost und Gemüse umzusteigen. Andererseits können Sie bei abnehmendem Mond reichlich essen, und trotzdem werden Sie Ihre schlanke Linie behalten.

2. Garten:

   Sammeln Sie selbst Kräuter in der Natur, oder haben Sie einen Garten, und kultivieren Sie Kräuter? Dann sollten Sie die folgenden Ratschläge besonders beachten, da sie helfen, die Kräuter leichter aufzuziehen und mehr Freude am Garten zu haben.

   Haben Sie Fruchtbäume? Früchte und Samen sollten beim Mond im Schützen oder im Löwen gepflückt werden, so bleiben sie länger frisch.

Umpflanzen sollten Sie Ihre grünen Freunde generell bei zunehmendem Mond.

Haben Sie Unkraut im Garten, und nervt es Sie, damit zu kämpfen? Unkraut sollte bei abnehmendem Mond entfernt werden, so wächst es kaum nach. Probieren Sie es einfach mal aus.

Pflanzen schneidet man bei abnehmendem Mond.

Und: Düngen Sie Pflanzen bei Vollmond, denn sie nehmen dann die Mineralien schneller und sicherer auf.

Sammeln Sie ferner Wurzeln nur bei Vollmond, Blätter dagegen sollten Sie bei zunehmendem Mond pflücken. Auch Blumen halten länger in der Vase, wenn Sie diese bei zunehmendem Mond abschneiden.

Kapitel 7

Magie

$* * * ＊ * * *$

Was ist Voodoo?

In diesem Kapitel meines Buches möchte ich Ihnen etwas über eine der interessantesten afro-karibischen Religionen erzählen: Voodoo.
Ich fahre fast jedes Jahr in die Karibik und bin sehr oft auf Haiti und Kuba sowie in Mexiko. Was mir dort immer wieder gefällt, ist die Voodooreligion, die dort noch von vielen Einheimischen praktiziert wird.

Den Touristen werden immer wieder Voodooshows gezeigt, und viele Europäer behaupten danach, dass sie Voodoomeister oder -priester geworden sind. Eines will ich daher einmal klar stellen: Voodoo kann zwar jeder ausüben, aber um ein Meister der Religion zu werden, braucht man viele Jahre. Deshalb sollte man sich vor Scharlatanen schützen.

Merken Sie sich: Der *echte* Voodoopriester weiß Antworten auf folgende Fragen und erfüllt folgende Voraussetzungen:

- Wer hat ihm den Priestertitel verliehen (das kann nur ein Houngan oder eine Mambo gewesen sein)?
- Welchen Titel führt er genau (man wird nie sofort zum Voodoopriester (Houngan) ernannt)?
- Wo wurde ihm der Titel verliehen?
- Ein echter Voodoopriester hat immer einen Helfer, der bei den Zeremonien dabei ist.
- Ein echter Voodoopriester verlangt nie so viel Geld für seine Dienste, dass es das Budget seiner Auftraggeber übersteigt.
- Bezeichnungen wie "Prinz des Voodoos" oder Ähnliches gibt es nicht. Es gibt nur ein paar Bezeichnungen, die Sie später in diesem Kapitel finden.
- Ein Voodoopriester sagt nie, dass er der einzige Houngan sei.

Voodoo verbinden wir meistens mit dem Wort "Magie", und viele von uns verstehen unter Voodoo Rituale, die mit schrecklichen Dingen,

Hexen und Magiern oder mit dem Erschaffen von Zombies zu tun haben. Immer wieder wird Voodoo als schwarze Kunst angesehen. Genährt wurden diese Vorstellungen durch die Praktiken der Wiederbelebung längst Verstorbener (zombieren). Voodoo ist zwar als Religion von den Kirchen seit längerem anerkannt, doch es haftet ihm noch immer dieses gewisse Etwas an, das einem Schauer über den Rücken rinnen lässt. Angst sollte man vor Voodoo aber nicht haben, denn bei echten Voodoorituale erleben Sie nie Verhexungen oder Ähnliches.

Was Sie bei echten Voodoorituale *nicht* erleben werden:

- Puppenmagie
- sexuelle Orgien
- nackte Körper
- menschliche Schädel
- Verflüchten
- Opferung von Großtieren
- Opferung von Kindern
- Gold und Reichtum
- Sexualorgane sehen oder anfassen

Voodoo ist keine Magie, Voodoo ist eine ursprünglich westafrikanische Religion. Das Wort "Voodoo" leitet sich von einem Wort für "Geist" oder "Göttlichkeit" ab. Diese Religion ergab sich aus Herkunft und Geschichte der Sklaven. Sklaven versuchten, ihre ursprüngliche Religion und die Hoffnung durch diese Religion fortzuführen. Voodoo wird auch heute noch in der Dominikanischen Republik, in Benin, Mexiko, Brasilien und auf Haiti und Kuba praktiziert. Demnach stellt Voodoo eine gemischte Religion aus vielfältigen afrikanischen, islamischen, katholischen und auch indianischen Elementen dar.

Der Grund, weswegen Voodoo trotz allem immer noch mit (schwarzer) Magie in Verbindung gebracht wird, liegt in der Geschichte: Durch Unterdrückung und Ungerechtigkeit wurden die Sklaven teilweise regelrecht gezwungen, sich vor ihrer weißen Herrschaft zu schützen. Etliche Male setzten die hilflosen und gequälten Schwarzen daher die Macht des Voodoozaubers ein, weil sie sich anders nicht mehr zu helfen wussten.

Andererseits führten Houngans (Voodoopriester) und Mambos (Voodoopriesterinnen) viele Heilungen und Rituale durch. Manche Rituale sind sehr aufwändig, doch die meisten sind einfach und unkompliziert, aber dennoch sehr effizient. Bei Voodoo entscheidet immer die Kraft des Wunsches und der Liebe.

Die Voodoorituale an sich unterscheiden sich auch stark voneinander, denn es gibt unzählige Traditionen, nach denen diese Zauberei durchgeführt wird.

Voodoo verbreitet sich immer stärker. Auf Haiti gehören bereits über 90 Prozent aller Menschen dem Voodoo an. In Afrika, besonders im Westen, gehören immerhin über 70 Prozent der Menschen zu dieser Religion. Auch in Europa wird Voodoo immer populärer. Hier werden im Rahmen esoterischer Praktiken Elemente des Voodoo übernommen.

Voodoo kann jeder angehören. Sie ist eine Religion, in der viele verschiedene Menschen ihren Glauben gefunden haben, und weltweit gibt es mittlerweile etwa 50 Millionen Menschen, die dem Voodoo angehören. Es spielt auch keine Rolle, wo man lebt oder welche Orientierung man hat. Auch Homosexuelle und Lesben sind bei Voodoo willkommen und können sogar Hohepriester werden. Es gibt sogar zwei spezielle Loas (Göttlichkeiten), die den Homosexuellen und Lesben helfen: Erzulie Freda, Liebes-Loa der Männer, und Erzulie Dantor, Liebes-Loa der Frauen.

✳

Ähnlichkeiten von Voodoo mit anderen Religionen

Voodoo als Religion hat viele Gemeinsamkeiten mit anderen afrikanischen Religionen:

- Es gibt das Höchste, Gott, den Allmächtigen (Bondye, Gran Met) und auch Heilige (Loa).
- Voodooanhänger bewahren heilige Plätze.

- Sie glauben an die andere Welt, an die Seele.
- Sie glauben an das Leben nach dem Tod und an das Schicksal.
- Sie reinigen ihre Seelen von Sünden.
- Bei Ritualen werden Verstorbene angebetet.
- Es gibt viel Symbolik wie Amulette o. Ä.
- Jeder Mensch wird als eigenes "Chi" (Energie) gesehen.
- Voodooanhänger teilen mit den Armen und alten Menschen.
- Bei den Zeremonien wird getanzt, gesungen und getrommelt.

Wie wir gesehen haben, gibt es auch im Voodoo einen Gott sowie Heilige. Sie werden in drei Kategorien unterteilt: Jede Gruppe verehrt eine bestimmte Tradition und eine heilige Figur oder einen **Loa** (Heiligen). Die Loas sind geistige Führer, geistige Wesen, die dem Bondye untergeordnet sind. Es gibt Loas der Güte, der Gesundheit, der Sexualität sowie auch böse Loas. Jeder kann einem bestimmten Loa dienen, indem er eine bestimmte Farbe trägt, bestimmte Opfer, z. B. Lebensmittel, darbringt und sich sexuell einschränkt. Loas leben in Bäumen, in Steinen und in Tieren. Sie können überdies mit Menschen in einem Ritual in Kontakt treten oder sogar für eine bestimmte Zeit den Körper eines Menschen besetzen.
Eine andere Gruppe der Heiligen sind die **Marassa**. Das sind so genannte göttliche Zwillinge. Und schließlich verehrt man im Voodoo die **Seelen der verstorbenen Familienmitglieder**.

Die menschliche Seele besteht nach Voodoovorstellung aus zwei Teilen: dem *Gros bon ange* (Energie, Chi) und dem *Tu bon ange* (Individualität der Person oder Charakter).

Für alles, was der Mensch tut, muss er sich sofort vor den Voodoo-Göttern verantworten. Die Götter haben dabei menschliche Charakterzüge: Sie sind fröhlich und großzügig, aber auch launisch und wütend. Sie helfen, strafen aber auch. Deshalb sollte den Göttern der nötige Respekt bezeugt werden. Die Götter und Geister sind überall, und sie greifen direkt in das Leben der Menschen ein.

Den Voodoo-Kult kann man in Radakult, Petrokult und Guedekult aufteilen. Der Radakult ist dabei der ältere. Die drei Kultnamen basieren auf drei Loagruppen:

Rada-Loas
sind gute und gütige Heilige, sie sind gefühlsbetont und stabil. Sie symbolisieren die Luft.

Guede-Loas
sind die Seelen der Verstorbenen. Sie sind vulgär und komisch. Fast alle Guede-Loas sind männlich, nur eine davon ist weiblich und wird Loa Guedelia genannt.

Petro-Loas
sind das Gegenteil von Rada-Loas. Sie sind gewalttätige und böse Heilige. Sie symbolisieren das Feuer.

Alle diese Gottheiten ergreifen von den Tänzern, die sich dabei in tiefer Trance befinden, vereinzelt Besitz und teilen ihnen etwas mit.

Ich möchte daher hier noch einige Charakteristiken einiger wichtiger Loas aufführen:

Damballah
ist eine große Schlange, der populärste von allen Loas. Er ist der Schlangen-Gott, der Vater der Liebe und sehr weise. Um ihn zu ehren, sollte man sich in weiße Gewänder kleiden. Sein Tag ist der Mittwoch. Damballah bringt auch Regen und steht für den Optimismus.

Aida Weda
ist die Frau des Damballah. Sie sieht wie eine kleinere Schlange aus. Ihr Symbol ist der Regenbogen.

Ogoun
ist der Gott der Kriege. Er gibt Kraft. Seine Symbole sind der Blitz und das Feuer. Seine Farbe ist rot.

Loco

ist der Heilige aller Pflanzen. Er ist der Loa der Gesundheit und der Heilung und wird als Gott der Heilkräfte bezeichnet.

Grans Bwa

ist der Hüter der Tiere und des Waldes. Er wird bei Zeremonien gerufen, um bei Unklarheiten zu entscheiden; er ist ein guter Richter.

Legba,

oder Papa Legba, ist der Loa der Sonne. Er ist einer der wichtigsten Loas überhaupt.

Erzulie

ist der Loa der Liebe. Sie ist eine Frau und die Ehefrau von Papa Legba. Sie steht für Romantik und Kreativität, liebt Tanz und Gesang.

Agwe

ist der Loa des Meeres. Deshalb werden alle Rituale für ihn direkt am Meer oder in dessen Nähe durchgeführt.

La Sirena

ist der Meeresloa. Sie ist weiblich und die Ehefrau des Agwe.

Simbi

ist der Loa des Trinkwassers, weswegen alle Rituale für ihn an verschiedenen Quellen vollzogen werden.

Guede

ist der Loa des Todes oder, besser gesagt, der Tod selbst. Er symbolisiert aber auch Sexualität und wacht über Kinder. Wenn ein Kind krank wird, hilft Guede, dieses Kind zu heilen.

Baron Samedi

ist der Wächter der Friedhöfe. Wenn er bei einer Zeremonie einen Menschen besetzt, schreit und flucht dieser.

Maman Brigitt
ist die Göttin der Poesie.

Azaka
ist der Loa der Bauern. Er mag gutes Essen und ist überdies sehr geizig.

Darüber hinaus existieren noch mehr als hundert weitere Götter oder Geister.

$$*$$

Rituale

Wie bei vielen von der Magie geprägten Religionen liegt auch beim Voodoo die Idee zugrunde, dass die Wirklichkeit nur eine Art Fassade ist. Hinter der Fassade gibt es Geister mit noch viel mächtigeren Kräften. Krankheit und Tod sind kein Zufall, sondern stets Anzeichen göttlicher oder magischer Vergeltung. Dieses Gesetz ähnelt den karmischen Gesetzen, dem Gesetz von Ursache und Wirkung.

Bei den Ritualen rufen die Gläubigen Loas und Geister an, die Glück bringen sollen. Fast immer werden Opfer, z. B. Hühner, gebracht. Die Priester tanzen dazu, und die Loas ergreifen dabei Besitz von den Tänzern. Jeder Tänzer verhält sich dann in einer für den angerufenen Geist typischen Weise. Sollte ein alter Loa von einem jungen Tänzer Besitz ergreifen, verhält sich der Junge wie ein alter Mann. Wenn ein weiblicher Loa in einen Mann schlüpft, verhält sich der Mann sehr weiblich. Viele Besetzte (*Cheval* genannt) sprechen im Trance auch alte Sprachen oder Fremdsprachen. Nachdem der Loa wieder gegangen ist, kann sich ein Cheval aber an nichts mehr erinnern.
Während sich der Tänzer in Trance oder Ekstase befindet, vollzieht er Heilungen und erteilt Weisungen.

Wer sich schon mit geheimwissenschaftlichen Themen beschäftigt hat, wird sicherlich festgestellt haben, dass es kaum brauchbare Informationen zum Thema Voodoomagie gibt. Doch wenn Sie sich mit solchen Büchern befassen, sollte ich Sie warnen: Voodoorituale funktionieren wirklich. Mit Voodoo werden die Kräfte des Universums gelenkt. Verwenden Sie Voodoo deshalb nur zu guten Zwecken!

Voodoorituale bestehen hauptsächlich aus folgenden Komponenten: Zuerst wird etwas gegessen. Alle Rituale werden dann durch die Begrüßung von Legba begonnen. Er ist der mächtigste Loa und sollte zuerst die Erlaubnis geben, ein Ritual beginnen zu dürfen. Mit den Worten: "Papa Legba, ouvri barrie pou nous passer" bitten die Teilnehmer um die Erlaubnis, das "Tor" zum Ritual zu öffnen. Dann wird an der ganzen Ritualstätte Wasser vergossen. Anschließend werden Ritualkerzen angezündet. Dann wird ein *veve*-Bild aus Getreide gelegt, das einen bestimmten Loa, für den das Ritual durchgeführt wird, symbolisiert. Es folgt Trommeln, Gesang und Tanz. Houngan oder Mambo tanzen mit allen anderen Tänzern so lange, bis einer der Beteiligten von einem Loa in Besitz genommen wird. Zum Schluss wird ein Tier geopfert. Das Blut wird in einem Gefäß gesammelt, das Fleisch vorbereitet, gekocht und von allen Teilnehmern der Zeremonie gegessen.

∗

Beispiel für ein Voodooritual

Ich mache Sie nun mit einem Voodooritual bekannt, das Sie selbst zu Hause nachvollziehen können. Dieses Ritual wird Ihnen Kraft geben.

Bauen Sie sich zunächst einen Altar. Ein Voodooaltar sieht dabei allerdings etwas anders aus als ein Altar in der Kirche. Benutzen Sie einen kleinen Tisch, und legen Sie eine kleine weiße Tischdecke darauf. An jedes Tischeck legen Sie dann vier Edelsteine. Dabei ist es nicht wichtig, für welche Steine Sie sich entschieden haben. Stellen Sie noch ein Kristallglas auf den Tisch, füllen Sie es mit Wasser, und geben Sie ein paar Tropfen Rum hinein. Stellen Sie dann eine Kerze in die Tischmitte, eine Schale mit Salz (links von der Kerze) und eine Schale mit Erde (rechts von der Kerze). Die Kerze sollte zudem immer eingeölt werden, beispielsweise mit Olivenöl. Anschließend stellen Sie noch eine Blume auf den Altar. Fertig.

Nun, entscheiden Sie sich, welchem Loa Sie dienen wollen und von welchem Sie Hilfe erwarten. Als Loa kann auch ein Verstorbener aus der Familie dienen.

Zünden Sie dann die Kerze an, und sehen Sie ins Wasser. Reden Sie zu dem Loa, den Sie gewählt haben. Fühlen Sie die Liebe zu ihm. Bitten Sie ihn, Ihnen Gesundheit, Glück und Schutz zu geben. Als Opfergabe sollten Sie nach dem Ritual ein paar Nüsse auf den Altar legen.

$*$

Priester

Eine geschlossene Glaubensgemeinschaft gibt es bei Voodoo nicht, vielmehr teilen sich die Voodooanhänger in einzelne Gruppen auf. Ein Laie, der Voodoozeremonien besucht, wird *Vodouisant* genannt. Ein Vodouisant, der regulär alle Zeremonien in einem Voodoohaus besucht, wird dagegen *hounsi bossale* genannt. Der nächste Rang, die erste Stufe der Voodooeinweihung, nennt man *hounsi canzo*. Diese wird durch ein spezielles Ritual mit Feuer durchgeführt. Man kann dieses Ritual mit der christlichen Taufe vergleichen. Die zweite Stufe der Weihe nennt man dann *si pwen*, was man mit dem Rang eines Diakons bei den Christen vergleichen kann. Während der Zeremonien lesen *si pwen* Gebete und singen. Den dritten und vorletzten Rang der Voodooeinweihung nennt man *asogwe*, woran sich schließlich der höchste Rang anschließt, derjenige des Voodoopriesters, *Houngan* (Männer) oder *Mambo* (Frauen) genannt.

Hohepriester der Voodooreligion haben viele Funktionen:
- Heilung
- Durchführung von Zeremonien
- Gedanken lesen und wahrsagen
- neue Priester ausbilden und ernennen
- Ritualvorbereitung
- Besprechen und Schutz herstellen
- Beichten entgegennehmen

Ein zukünftiger Priester oder eine zukünftige Priesterin wird bereits in jungen Jahren unterrichtet. Meist werden sie erst ab dem 31. Lebensjahr zum Houngan oder zur Mambo geweiht. Jeder Priester und jede Priesterin hat ein eigenes so genanntes Voodoohaus oder eine Voodoostätte, in deren Mitte immer ein Baumstamm steht, das Symbol für den Papa Legba. Auch einige weitere Utensilien wie ein Altar, ein offenes Feuer oder auch so genannte *socle* (Opfertische) und *veve* (Bilder) dürfen nicht fehlen.

Ich habe jahrelang die Rituale in der Dominikanischen Republik und in Kuba beobachtet. Jedes Mal sehen sie zwar etwas anders aus, der Ablauf und die Komponente der Rituale bleiben aber immer konstant. Es wird zum Beispiel immer farine, spezielles Mehl für die Loa-Bilder, verwendet. Der Gesang wird meistens mit dem katholischen Gebet Prière Guinée begonnen.

Houngan oder Mambo kontrollieren den Ablauf des Rituals persönlich, sie haben aber auch zwei Helfer zur Seite, die das Ritual durchführen. Diese Helfer sind ausgebildet und werden irgendwann später selbst Houngan oder Mambo. Ein männlicher Helfer wird *La Place* und eine weibliche Helferin *Houngenikon* genannt. La Place organisiert das Trommeln und trägt spezielle Utensilien wie die Flagge. Die Houngenikon dagegen organisiert den Chor und kontrolliert die Opferung.

Es gibt auf Haiti mehrere Zeremonien. Zwei Beispiele: Im Winter wird die Fete Marassa gefeiert, was man mit Weihnachten vergleichen kann, denn bei dieser Zeremonie werden Kinder angebetet. Das Fest der Mitglieder, oder Fete Demambre, wird im Winter mit speziellen Kräuterwaschungen gefeiert.

✴

Zombies

Legendär berüchtigt sind die Zombies, die auch meist mit dem Voodoo-Kult in Verbindung gebracht werden. Zunächst möchte ich klarstellen, dass die Bokors, die Schwarzmagier, keine Toten zum Leben erwecken können. Sie sind aber in der Lage, einen Menschen in einen totenähnlichen Zustand zu versetzten – er wird zu einem Zombie. Dieser wird erschaffen, indem ihm ein Getränk eingeflößt wird, das ein außerordentlich starkes Gift enthält. Zombies sind ohne eigenen Willen, sie funktionieren wie Automaten.

Man unterscheidet zwischen "Zombie cadavre" und "Zombie astrale".

Die körperlichen Zombies (Zombie cadavre) sind wiedererweckte "Tote". Die Astralzombies (Zombie astrale) dagegen sind Geister, die von einem Bokor gefangen wurden.

Voodoo-Magie

Voodoo-Puppen

Ein bekannter Brauch des Voodoos ist das Herstellen von Voodoo-Puppen, die einem bestimmten Menschen nachgebildet werden. Durch das Stechen mit Nadeln in die Puppe soll dem Betroffenen Schmerz zugefügt werden. – Weniger bekannt, aber wahr: Voodoo-Puppen werden jedoch in erster Linie zum Heilen von Krankheiten benutzt – und allein dafür sollten auch Sie solch eine Puppe herstellen! Denn bedenken Sie: Alles, was Sie einem anderen antun, fällt sicher wieder auf Sie zurück.

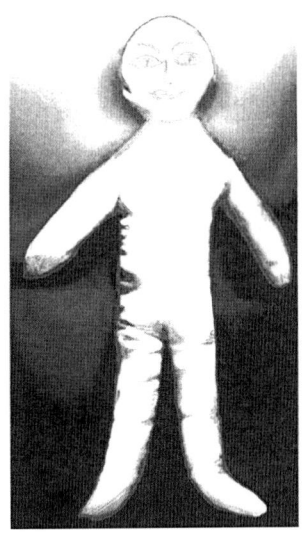

Das Material zur Herstellung einer Puppe kann variieren: Man kann Stoff, Wachs oder auch Holz verwenden. Wichtig ist, dass man diese Puppe mit einem persönlichen Gegenstand des zu "Verzaubernden" versieht, denn mit diesem persönlichen Gegenstand wird eine Verbindung zu der Person und seiner Energie hergestellt.

∗

Knotenmagie für die Liebe

Die Knotenmagie ist bei vielen Völkern bekannt und dient dem Liebeszauber. Man benötigt eine Schnur, in die drei Knoten geknüpft werden, während man sich auf das Liebespaar konzentriert und eine rituelle Formel spricht. Damit das Herz der Person entflammt, wird Loa Erzulie drei Mal angebetet.
Nach dieser Besprechung wird die verknotete Schnur mit einem ätherischen Öl bestrichen und in die Nähe des Auftraggebers gehängt.

∗

Abwehrzauber

Hierzu gehören Talismane als Glücksbringer und Amulette zur Abwehr von Zauber, der schadet. Diese Amulette und Talismane heißen Makandal und werden aus verschiedenen Zutaten hergestellt, z. B. aus Haaren, Steinen, Nägeln, Tierknochen oder giftigen Kräutern. Für einen einfachen Abwehrzauber können Sie einen Hühnerknochen (am besten einen Brustknochen) verwenden oder einen (für Sie passenden) Edelstein, den Sie entweder am Körper tragen oder in der Wohnung aufbewahren.

∗

Die magische Lampe

Um sich auch zu Hause vor fremden Energien zu schützen oder um mehr Geld, Gesundheit und Glück im Leben zu haben, kann man eine magische Voodoo-Lampe anfertigen: Sie besteht aus einem Glasbehälter, den man mit Öl füllt. Dann nimmt man zwei Knochensplitter von einem Hühnchen, die über Kreuz in das Öl gelegt werden. Zwischen die Knochen wird der Docht geklemmt.

Während man den Docht anzündet, spricht man seinen Wunsch aus. Die Lampe sollte ununterbrochen brennen, bis die Geister ihr Werk vollbracht haben. Da die Lampe also unter Umständen mehrere Tage lang brennen muss, sollte auf die Ölmenge geachtet werden.

Kleines Voodoo-Lexikon

Asson – die heilige Rassel der Voodoopriester

Assoto – die heilige Trommel des Voodoo

Bagui – Altarraum

Baka – Dämon, ein vom Bokor gekaufter Loa

Bokor – Schwarzmagier

Bondieu – oberster Schöpfergott des Voodoo

Gris-Gris-Bag – Zauberbeutel

Humfó – Tempel des Voodoo

Houngan – Priester des Voodoo

Loa – Gott, Geist, Engel

Manjé-loas – Opferzeremonie

Mambo – Priesterin des Voodoo

Migan – ritueller Trunk aus Blut

Pot-tét – geweihtes Gefäß

Prière Guinée – "Allerheiligenlitanei" des Voodoo

Société – Voodoogemeinde

Wanga – Zauber, der Schaden zufügt

Zanj – Engel, Loa

$$\ast \ast \ast \text{✳} \ast \ast \ast$$

Exkurs: Magische Angriffe, und wie man sich dagegen wehrt

Wir alle haben schon einmal gehört, das jemand magisch "belegt" wurde oder dass jemand sich "wie verzaubert" vor unseren Augen verändert hat. Meine Erfahrungen im Bezug auf Magie möchte ich in diesem Kapitel weitergeben.

Aus der Praxis kann ich Ihnen bestätigen, dass etwa 70 Prozent der Bevölkerung mit dieser Art von magischen Angriffen zu tun hat. Viele wissen gar nichts davon und vermuten nicht einmal, dass jemand sie angegriffen hat.

Wenn man von solchen Angriffen spricht, stellt man sich magische Blutrituale oder etwas Ähnliches vor. Diese Angriffe müssen aber nicht unbedingt wie ein Ritual aussehen, es genügt meist ein böses Wort oder ein böser Gedanke, um uns zu schwächen.

Hier ist ein Beispiel für eine solche Belegung. Eine junge Frau, nennen wir sie Sabine, ist zu mir zu einer Kartensitzung gekommen. Die Karten, die sie herausgezogen hatte, deuteten auf eine weit zurückliegende Auseinandersetzung hin. Tatsächlich stellte sich später heraus, dass es sich um einen Vorgang gehandelt hat, der sich vor über 10 Jahren abgespielt hat. Sabine hatte nicht einmal daran gedacht, dass es sich um einen magischen Angriff handeln könnte. Die letzten 8 Jahre von Sabine verliefen unruhig, sie bekam oft Depressionen und wurde immer unglücklicher, vor allem in ihrem Privatleben. Sie wusste nicht, woran es liegen mochte und fand keine Erklärung.

Ich bin der Sache auf den Grund gegangen. Zunächst habe ich eine Auraanalyse durchgeführt. Sabine hatte keine schlechte Aura, allerdings sah ich einen dunklen Fleck links von ihrem Kopf, der bis zum Gesäß herunter verlief. Je länger ich sie angeschaut habe, desto mehr konnte ich fühlen, dass hinter den Beschwerden eine schwarzmagische Ursache steckte. Plötzlich bekam ich starke Schmerzen im Bereich des Kopfes, der immer heißer wurde, als ob man ihn mit einem heißen Eisen gerieben hätte. Als ich dann meine Augen öffnete, verschwanden die Kopfschmerzen sehr schnell. Es ging hier tatsächlich um eine professionelle schwarzmagische Belegung, und ich erkannte, dass eine große und verantwortungsvolle Arbeit vor mir lag.

Unser nächster Termin hat drei Tage später stattgefunden, zu dem Sabine voller Hoffnung kam. Angefangen haben wir mit einer Reinigung der Seele von Sabine. Ich gehe hier, wie es meine Familie auch schon seit Jahrhunderten getan hat, so vor, indem ich Weihrauch und Besprechen verbinde. Besprechen ist eine rituelle Spruch-Vorlesung, die sehr schnell Wirkung zeigt, denn der Betroffene wird durch diese Sprüche von den bösen Kräften befreit. Man kann diese Rituale mit einer Entgiftung vergleichen. Als ich fertig war, habe ich Sabine gesagt, dass sie unbedingt noch heute zur Kirche gehen und drei Kerzen anzünden soll.

Schon ein paar Stunden später rief mich Sabine an und berichtete, was mit ihr geschehen war. Sie sei nach Hause gekommen, hätte starke Kopfschmerzen gehabt und nichts essen können. Nach einer halben Stunde sei sie zur Kirche gegangen, um Kerzen aufzustellen, und genau in dem Moment, als sie dort war, seien die Kopfschmerzen so stark geworden, dass sie diese nicht mehr aushalten konnte. Sie habe es aber doch geschafft, die Kerzen zu kaufen, bei einer Ikone aufzustellen und anzuzünden. - Direkt danach fühlte sie sich wie neu geboren, es waren keine Schmerzen und keine Sorgen mehr da. Tage später hat sie mich noch einmal getroffen. Sie strahlte neue Energie aus, und ihre Aura hatte eine gesunde rötliche Farbe - ich konnte auch keine Flecken mehr sehen. Sabine hat mir berichtet, dass sich alles um sie herum plötzlich verändert hat. Die Mitmenschen waren auf einmal hilfsbereit geworden, im Job hat sie Anerkennung und Danksagungen bekommen, und der Freund ist lieb und hat ihr sogar Blumen geschenkt, was er früher nie getan hatte.

Dieser Fall ist natürlich nicht der einzige, solche und ähnliche Fälle erlebe ich fast jeden Tag. Ich hoffe, dass dieses Buch Ihnen hilft, sich vor solchen Vorfällen zu schützen, und ich stehe Ihnen gerne hilfreich zur Verfügung, wenn Sie Aufklärung und Rat bei unbekannten Vorgängen benötigen.

$* * * * \text{✳} * * *$

Nachwort

Was ich Ihnen noch sagen wollte ...

Ich wurde am 10. August 1973 in einer Stadt in Mittelasien geboren. Diese schöne Stadt heißt Fergana. Meine Vorfahren kamen im Jahre 1889 nach Russland. Meiner Familie war es immer wichtig, sich selbst zu schützen und, falls jemand anderer erkrankte, auch hier sofortige Hilfe zu leisten. Jahr für Jahr, von einer Generation zur anderen, wurde das Wissen über Magie, Schamanismus und Heilen, aber auch über das Kartenlegen und Wahrsagen weitergegeben.

Völlig klar ist mir heute, dass alles, was ich von meinen Vorfahren gelernt habe, auch andere Menschen erfahren sollen. Deshalb war es schon immer mein Wunsch, dieses Buch herauszugeben. Das Erbe, das ich von meiner Familie übernommen habe, dieses großartige Wissen, möchte ich an Sie, liebe Leser, gerne weitergeben.

Ich werde immer wieder gefragt: "Sie sind ein Wahrsager und beraten Menschen seit 16 Jahren, aber kann man sich auf Ihre Vorhersagen und Methoden verlassen?"

Können Sie! Ich berate 30 bis 40 Personen täglich, viele davon kommen immer wieder, nachdem meine Vorhersagen eingetroffen sind oder ich dem Menschen geholfen habe. Ich arbeite mit verschiedenen Methoden, und es tut immer wieder sehr gut zu erfahren, dass diese den Menschen das Leben erleichtern können ...
Mir ist natürlich bewusst, dass dieses Buch nicht alle möglicherweise auftauchenden Fragen beantworten kann. Sollte daher Interesse an Seminaren oder an einer persönlichen Beratung bestehen, können Sie sich mit mir in Verbindung setzen.

Informationen finden Sie unter: www.VadimTschenze.de

Kunden berichten

"Guten Abend Vadim!

Am 17. Oktober waren meine Tochter und ich bei Ihnen. Wir sind extra aus Norddeutschland gekommen, und ich habe keine Minute bereut! Meine 9-jährige Tochter litt (laut Arzt) unter Migräne, Sie aber sagten, dies wäre nicht der Fall – und Sie hatten Recht.

Seit dem Besuch bei Ihnen ist sie absolut beschwerdefrei! Auch Ihre Vorhersage mit der Aurasicht ist eingetreten. Sie sieht jetzt nicht mehr nur ihre verstorbenen Katzen, sie kann seit einer Woche auch die Aura von lebenden Tieren und Menschen sehen. Allerdings nicht am Tage, wenn es hell ist, sondern erst, wenn die Dämmerung eintritt oder es dunkel ist. Seit der Unterhaltung mit Ihnen nimmt sie diese Gabe auch ohne Angst an!

Was mich betrifft (Sie sagten mir, dass mein erster Mann noch nicht erlöst sei), habe ich Kerzen in der Kirche angezündet und alles nach Ihren Ratschlägen befolgt. Es war schon irgendwie irre! Ich sah ihn in der Kirche vor meinem inneren Auge und ging mit ihm an der Hand zum Licht. Es waren auch Lichtwesen da, die auf ihn warteten, aber er blieb am Licht stehen. Ich bat die Lichtwesen, ihn mitzunehmen, worauf sie mir mitteilten, dass es nicht ginge, er selber müsse erst den Schritt ins Licht machen. Sie könnten ihn erst in Empfang nehmen, wenn er die Schwelle überschritten habe. Ich ging also nach fünf Minuten aus der Kirche und war sehr unglücklich, weil er nicht hinüber wollte. Zugleich hatte mir aber ein Gefühl gesagt, er werde noch in dieser Nacht gehen.
Zu Hause brannte ich dann noch die Kerze mit seinem Namen ab, aber ich fühlte nichts! – Doch am nächsten Morgen wachte ich wie verwandelt auf, ich weiß nicht, ob er gegangen ist, aber mein Gefühl sagt ja. Ich habe dann den Rest der Kerze zu einem Fluss gebracht und hineingeworfen.
Auf jeden Fall hatte ich fast neun Jahre richtig schlimme Angstattacken, die seit dem Besuch bei Ihnen verschwunden sind. Seit der Aktion in

der Kirche sagt mir mein Gefühl auch, dass diese Angst nun ein Ende hat, ich fühle mich jedenfalls befreit!

Für die Hilfe, die Sie meiner Tochter und mir gegeben haben, ein von ganzem Herzen tiefes 'DANKE' an Sie! Ganz herzliche Grüße an Sie. Stefanie Müller"

"Lieber Vadim,

Wir wollen uns erst für deine Beratung bedanken. Die Methoden und die Vielfältigkeit deiner Arbeit faszinieren uns. Deine Bilder sind auch wunderschön! Sie gehen einem sofort ins Herz! Schon beim Betrachten fließt Wärme zu einem. Man kann es eigentlich in Worten nicht ausdrücken, was die Bilder uns bedeuten.

Es ist ein Geschenk, in dem der ganze Mensch Vadim verborgen ist, mit all seinem Herzblut.

Wir sind sehr glücklich, dass wir zu den Menschen zählen dürfen, die solche Kostbarkeiten von dir wundervollem Menschen geschenkt bekommen. Das ist unser schönstes Weihnachtsgeschenk, und wir werden es immer in Ehren halten. Herzliches Dankeschön Vadim für dieses Geschenk, das unsere Herzen sehr mit Freude erfüllt!

Wir werden sie uns auf Fotopapier drucken, schön einrahmen und sie ehrenvoll an einen Platz aufhängen. So sind wir in Gedanken, wenn wir deine Kunst betrachten, immer mit unserem Freund verbunden.

Das gibt Kraft und stärkt uns!

Danke möchten wir auch noch einmal sagen für deinen Beistand und deine Hilfe bei unseren Sorgen und Problemen. Hast uns sehr geholfen. Eine Mail kann leider nicht sprechen, aber die Verbundenheit signalisiert dir, was wir für dich empfinden – und das nicht nur als 'Berater'.

Sei lieb gegrüßt.

Licht und Liebe und dass die Engel dich immer auf deinen Wegen beschützen!

deine Gudrun und Alexander"

Literaturverzeichnis

Arroyo, Stephen, "Astrologie, Psychologie und die vier Elemente", Hugendubel 2001

Bachler, Käthe, "Erfahrungen einer Rutengängerin", Np Verlag 2004

Falcon, Chuck T., "Psychology Made Easy", Sensible Psychology Press 2000

Fröhling, Thomas, "Das große Feng Shui-Buch", Mosaik o. A.

Kamm, Halina, "Nicht ohne meine Seele", Corona 2001

Kirchner, Georg, "Pendel und Wünschelrute. Handbuch der modernen Radiästhesie", Droemer Knaur 1992

Krohne, Horst / Erlinger, Gertraud, "Heilende Hände", Ansata 2002

Meyer, Hermann, "Astrologie und Psychologie", Rowohlt 1986

Oertli, Jakob, "Schamanisches Praxisbuch", Langen Müller 2002

RavenWolf, Silver, "Die schützende Kraft der Engel im täglichen Leben", Ullstein 2004

Tschenze, Vadim, "Russisch-tibetische Honigmassage", Videel 2001

Tschenze, Vadim, "Alte russische Karma- und Reinkarnationslehre", Corona 2004

Tschenze, Vadim, "Kartenlegen nach russischer Tradition", Corona 2005

Tschenze, Vadim, "Vadims Lenormandkarten", Corona 2005

Tschenze, Vadim, "Universelles Ahnenorakel", Corona 2006

Tschenze, Vadim, "Nützliche Tipps. Das kostbare Wissen", Corona 2006

*** ✳ ***
# Schlagwortverzeichnis

Abwehrzauber, 188

Amulette, 24, 35, 40, 180, 188

Augenfarbe, 145, 147

Augentyp, 146

Aura, 22, 154, 190-191, 193

Besprechen, 27, 76, 111, 185, 191

Bleigießen, 114

Blutsteine, 36

Chakren, 78, 108

Daktilomantie, 105

Edelstein, 34, 37-39, 51, 188

Einstellung, 15, 21, 24, 29

Energie, 11, 21-25, 29, 34, 41, 43-45, 69, 73-75, 77, 102, 108, 113-114, 126, 128-129, 134, 140, 145, 149, 154, 159, 161, 180, 188, 191

Energiearbeit, 20, 22

Energiebilder, 154-155

Energiespeicher, 24

Energieträger, 20, 25, 111

Energietypen, 22

Engel, 34, 48, 64, 77, 94, 101, 136, 153, 159, 161-165, 189, 194-195

Engelmeditation, 160-161

Engelnamen, 161-162

Enontromantie, 115

Entwicklung, 15-17, 83, 151, 153, 165

Farben, 24, 36, 40-41, 77, 108, 111-112, 154

Farbwirkungen, 43

Finger, 70, 72, 108, 132, 137-138

Frenologie, 138

Gebete, 11, 27, 29, 31, 50, 61, 185

Gebetsbeispiele, 50

Geistheilung, 32, 67, 69-71, 78

Gesichtsformen, 142

Gesichtslesen, 11, 138

Gesundheitslinie, 136

Glaube, 11, 31-32, 49, 70

Gott, 15, 17, 29, 31, 34, 47-49, 51-54, 58, 62-64, 130, 179-182, 189

Händedruck, 138

Handformen, 131

Handlesen, 83, 131

Handlinien, 131, 133, 136

Heilung, 11, 18, 24-25, 29, 32-33, 35, 42, 58, 69-75, 111, 171, 182, 185

Herzlinie, 135

Hydromantie, 109

I Ging, 117-119

innere Welten, 152

Kabbala, 129-130

Kapnomantie, 109

Karma, 20, 69, 100, 105, 141, 151

Kartenlegen, 15, 19, 83-85, 192, 195

Kerzen, 34-35, 40-42, 44, 46, 49-54, 56-57, 59, 64, 87-88, 95, 113, 191, 193

Kerzenschattenlesen, 11, 83

Knotenmagie, 188

Kopflinie, 134-135

Körbler'sche Heilzeichen, 77

Lebenslinie, 133-135

Lekanomantie, 109

Lenormandkarten, 18, 83-84, 86, 195

Livanomantie, 109

Magie, 20, 24, 29, 42, 57, 108, 141, 162, 175, 177-178, 183, 190, 192

Meditation, 24, 29, 38, 44, 160-161, 165

Menschentypen, 23

Mond, 103, 165, 169-174

Mondkalender, 167, 169-171

Mondphasen, 169

Murmelorakel, 115

Muttermale & Co, 151

Myomantie, 114

Numerologie, 129

Pendel, 19, 78, 105-108, 195

Persönlichkeitsdeutung, 81

Physiognomik, 138

Radiästhesie, 108, 195

Räuchern, 46

Rauchlesen, 83, 109

Ritual, 41, 84, 180, 184-186, 190

Rune, 125-129

Salz lesen, 113

Schädel, 139-140, 178

Schicksal, 19, 90-91, 105, 120, 122, 128, 138, 143, 163, 180

Schwingung, 11, 24-25, 33, 40, 44, 46, 48, 73, 76, 78, 111-112

Seele, 15, 19-20, 29, 31-32, 38, 40, 44, 47, 50, 54, 59-60, 64, 104, 141, 145, 154, 160, 170, 180, 191, 195

Sorgenlinien, 136

Spiritualität, 11-12, 15-16, 18, 95, 103, 128-129, 141, 165

Sternzeichen, 171

Stufen, spirituelle, 16-18

Talismane, 35, 188

Teframantie, 114

Tierkreis, 39, 170

Traum, 153, 161

Traumdeutung, 152

Ursubstanz, 25

Vadims Lenormandkarten, 18, 83, 84, 86

Venusgürtel, 135

Venuslinie, 135

Voodoo, 25, 177-180, 183-185, 189

Voodoo-Puppe, 187

Wachs gießen, 114

Wasserlesen, 11, 109, 111, 115

Wünsche, 12, 34, 41, 48, 50, 56, 60, 64, 102, 137, 153

Zombies, 178, 186-187

Zucker lesen, 113

Zukunftsdeutung, 83, 117

＊＊＊ ✳ ＊＊＊

Über den Autor

Bereits seit sechs Generationen wird die Kunst des Hellsehens in der Familie des Autors praktiziert und das Talent meist vererbt. Vadim Tschenze selbst hat sich seit seinem zwölften Lebensjahr mit der Wahrsagerei, dem Planetenstellen und mit schamanischem Naturwissen beschäftigt. Er schrieb mehrere Bücher zu Gesundheitsthemen wie auch über das Kartenlegen und Schamanentum. Seit 2004 arbeitet er als TV-Experte und leitet seine Akademie für Schamanismus, Geistheilen und Medialität in der Schweiz am Bodensee.

www.vadimtschenze.ch

Weiterführende Informationen zu
Büchern, Autoren und den Aktivitäten
des Silberschnur Verlages erhalten Sie unter:
www.silberschnur.de

Natürlich können Sie uns auch gerne den
Antwort-Coupon aus dem beiliegenden
Lesezeichenflyer zusenden.

Ihr Interesse wird belohnt!

272 Seiten, broschiert
ISBN 978-3-89845-323-3
€ [D] 16,00

Vadim Tschenze

Vadim Tschenzes russisches Heillexikon

Ein universelles Nachschlagewerk für mehr Lebendigkeit, Stärke, Erfolg und Gesundheit!
Der spirituelle Therapeut und Geistheiler Vadim Tschenze benutzt seit vielen Jahren altes Wissen aus dem Schatz des russischen Schamanismus zur Behandlung seiner Patienten.
Diese kostbaren Weisheiten seiner Urahnen legt er nun als Nachschlagewerk in alphabetischer Reihenfolge vor und schafft somit einen Ratgeber, der in seiner modernen Interpretation von althergebrachtem Wissen einzigartig ist.
Ein Praxisbuch, das in keiner Hausbibliothek fehlen sollte!

272 Seiten, broschiert,
ISBN 978-3-89845-254-0
€ [D] 16,00

Vadim Tschenze

Übersinnliche Phänomene
Mystische Begebenheiten aus der Anderswelt

Fast jeder hat in seinem Leben schon einmal etwas Unheimliches erlebt, wofür es scheinbar keine Erklärung gibt ... In seinem neuesten Buch sammelt Bestsellerautor Vadim Tschenze zahlreiche solcher Erfahrungen, die er selbst erlebt hat oder von denen ihm Kunden in seiner Praxis berichtet haben. Zu jedem Ereignis gibt er auf seine gewohnt pragmatische Art eine aufschlussreiche Erklärung und liefert so Antworten auf viele Fragen, ohne dem Thema jedoch seine geheimnisvolle Faszination zu rauben ...

192 Seiten, broschiert, mit
Abb. & farbigem Auratest
ISBN 978-3-89845-262-5
€ [D] 15,00

Vadim Tschenze

Altes russisches Wissen
Das Beste für Seele & Gesundheit

Vadim Tschenze weiht uns in das umfassende Wissen seiner russischen Urahnen ein. Über Generationen hinweg wurde es weitergegeben, und so haben sich die Praktiken und Methoden über die Zeit bewährt und verfeinert.
Mit großem Fachwissen behandelt er Themen wie Energiereinigung, Aurastärkung, energetisches Heilen Aberglaube, Magie und Zauberei. Ein praktisches Buch mit zahlreichen Tipps.

160 Seiten, broschiert
ISBN 978-3-89845-360-8
€ [D] 8,00

Vadim Tschenze

Matrix-Numerologie

Unsere Schwächen und Stärken, unsere Charaktereigenschaften, Anlagen und Ziele, sogar unsere Familienqualitäten – sie alle sind in unserem Geburtsdatum zu finden. Die Matrix-Numerologie bietet Ihnen einen Weg, sich selbst anhand Ihres Geburtsdatums besser kennenzulernen. Sie ermöglicht es Ihnen, Ihre verborgenen Talente und Ihre wichtigsten Qualitäten, die Ihnen mitgegeben wurden, zu erkennen.

Mit dieser Methode erfahren Sie, wer Sie wirklich sind und warum Sie hier sind. Sie erkennen Ihre Wege.

120 Seiten, broschiert,
ISBN 978-3-89845-298-4
€ [D] 8,00

Vadim Tschenze

Das Medizinrad in der Praxis

Schamanismus, für viele der Ursprung von Religion und Medizin, ist eine Mischung aus dem Wissen über Geist, Seele, Körper und Natur. Jeder kann die Kraft des schamanischen Medizinrades für sich selbst, seine Mitmenschen und die Natur nutzen. Vadim Tschenze erklärt einfach und praxisnah u.a. den Umgang mit dem Medizinrad. Er erläutert, wie man ein Medizinrad baut und praktisch anwendet.

Ein Übungsbuch zum Medizinrad mit allen Elementen, die man für die erfolgreiche Umsetzung dieser Schamanentechnik braucht.

184 Seiten, broschiert
ISBN 978-3-89845-438-4
€ [D] 8,00

Andrea Buchholz

Astrologische Glückslinien

Kann ich tatsächlich mein Leben beeinflussen oder muss ich mein Schicksal einfach hinnehmen? Die bekannte Medienastrologin Andrea Buchholz erklärt, wie astrologische Energielinien der Planeten, die die Erde umrunden, das Leben positiv beeinflussen.

Entdecken Sie, wie Sie Ihre persönliche Astro-Erdkarte erstellen und mit dieser herausfinden, welche Orte die richtigen für Sie sind – für die Liebe, den Erfolg oder das Leben im Allgemeinen.

Folgen Sie den Sternen und finden Sie Ihren persönlichen Traumort, an dem sich Ihr Lebensglück endlich entfalten kann.

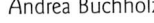

288 Seiten, broschiert
ISBN 978-3-89845-130-7
€ [D] 17,90

Andrea Buchholz

Astrologische Geheimnisse entschlüsselt

Juwelen aus der Astro-Schatztruhe

Die aus dem TV bekannte Astrologin Andrea Buchholz offenbart Ihnen in ihrem neuen Buch all ihre kleinen und großen astrologischen Tricks und Geheimnisse. Die Autorin hat für Sie ein Kompendium zusammengestellt, das an Klarheit und Übersichtlichkeit kaum Wünsche offen lässt. So werden Ihnen die wichtigsten Fragen zu Partnerschaft, Liebe und Sex, Gesundheit, Beruf und Begabung, Karmaastrologie, sensitiven Punkten, Lotto und Astrologie sowie vieles Interessante mehr kurz und prägnant in witziger und verständlicher Art und Weise erklärt.

264 Seiten, broschiert,
ISBN 978-3-89845-433-9
€ [D] 14,95

Andrea Buchholz

Der Kompass zum Erfolg

Astrologischer Leitfaden zur Persönlichkeitsentwicklung

Andrea Buchholz beweist in diesem Buch, wie jeder mithilfe der Astrologie das Drehbuch seines Lebens völlig neu schreiben kann.
Sie zeigt, an welchem Ort der Erde sich das Potenzial eines Horoskops am besten entfaltet, und veranschaulicht, dass der Erfolg manchmal nur einen Umzug weit entfernt liegt. Mit den kritischen Graden finden Sie die schwierigen Themen Ihres laufenden Jahres heraus und vermeiden Sie dadurch manch kritische Situation.
Andrea Buchholz zeigt, wie jeder Mensch seine versteckten Talente und sein Potenzial erkennen und sein Leben erfolgreich gestalten kann.

144 Karten mit Kurzanleitung,
inkl. Miniposter, in Box
ISBN 4260075280-28-8
€ [D] 25,00

Franziska Krattinger

Die Kraft der 144 Schalt- und Machtworte

Es ist schwer, eingefahrene Wege zu verlassen und wirklich etwas in seinem Leben zu verändern. Die 144 wirkungsvollen Karten mit Schalt- und Machtworten helfen dabei, denn sie erwecken die uns innerwohnende positive Macht zur selbstbestimmten Veränderung von Situationen und Vorhaben. Eines dieser Worte genügt bereits, um einen unterbrochenen energetischen Fluss wieder zum Laufen zu bringen und so alles zum Besten zu lenken! Schalten auch Sie einfach um – und beobachten Sie die positiven Veränderungen in Ihrem täglichen Leben. Sie haben WIRKLICH die Macht dazu!

168 Seiten, Klappenbr.
ISBN 978-3-89845-152-9
€ [D] 14,00

Franziska Krattinger

Ein Wort genügt!

... sich einfach umprogrammieren

Schalten Sie einfach um! – Manchmal genügt ein einziges Wort, um verborgene Haltungen ans Licht zu bringen oder Einstellungen zu ändern. Dabei gibt es spezielle Worte, die gleichsam eine magische Wirkung haben, da sie die Schlüssel zu unserem Unterbewusstsein sind: Schaltworte.

Schalten Sie einfach um! – und beobachten Sie die Veränderungen in Ihrem täglichen Leben, ohne dass Sie bewusst daran denken oder eine Vorstellung der Lösung haben müssen. Nutzen Sie die Kraft, eine Situation augenblicklich im besten und idealen Sinn zu verändern.

240 Seiten, broschiert
ISBN 978-3-89845-401-8
€ [D] 11,00

Monika Molitor

Magie für Junghexen

Bist du fasziniert von Magie und Hexenkunst und möchtest gerne wissen, ob magische Kräfte in dir schlummern?

Dieses zauberhafte Buch begleitet dich in die Welt der Magie und hilft dir zu erkennen, welche übersinnlichen Fähigkeiten du besitzt und wie du diese entfalten und einsetzen kannst. Alles, was du brauchst um eine Junghexe oder ein Jungmagier zu werden, findest du hier. Entdecke, was Magie ist, wie sie funktioniert und wie du sie anwenden kannst. Magie zu betreiben heißt oft, die Welt mit anderen Augen zu sehen. Schärfe deine Sinne für die Anderswelt, damit ein Weg für dich begehbar wird, der dein Leben tiefgehend verändert.

Nur Mut, entdecke deine Fähigkeiten, beginne mit diesem Buch.

176 Seiten, broschiert,
ISBN 978-3-89845-412-4
€ [D] 14,00

Kurt Tepperwein

Nichts geschieht umsonst

Die Sprache des Lebens verstehen

Alles, was uns begegnet, und alles, was uns widerfährt, sind Botschaften des Lebens, die uns etwas Wichtiges mitzuteilen haben. Das Leben spricht ständig zu uns, allerdings müssen wir die Sprache des Lebens erst erlernen. Wenn Sie diese Sprache beherrschen, ist es Ihnen sogar möglich, die Botschaften des Lebens gezielt abzufragen. Sie können alle Erfahrungen und die verschiedensten Arten von Hinweisen optimal für sich nutzen, um ein erfolgreiches, erfülltes und gesundes Leben zu führen. Ein Buch, das sich mit allen Alltagsthemen auseinandersetzt und keine Fragen offenlässt.